Richard Rohr

Werde, wer du wirklich bist

Das Buch

«Nenne es Seele, das Unbewusste, Tiefenbewusstsein oder die Einwohnung des Heiligen Geistes. Oder nenne es Nichts. Es bedarf nicht des
richtigen Namens und auch nicht der richtigen Religion, um sich zu
zeigen. Es braucht nicht einmal unser Verstehen, keine Wörter zum
Geleit. Es ist einfach da. Und zeigt sich am ehesten, wenn wir still sind
oder verliebt. Oder beides.
Ich nenne es: das Wahre Selbst. Wenn du diesem Wahren Selbst begegnest
– und ein einziges Mal ist genug –, dann weicht das Falsche Selbst von ganz
allein. Aber dazu braucht es fast dein ganzes Leben – so wie bei Jesus.»
RICHARD ROHR

Der Autor

Richard Rohr, geboren 1943, Franziskanerpater, Gründer des «Zentrums
für Aktion und Kontemplation» in New Mexico/USA, ist eine prophe-
tische Stimme für spirituell suchende Menschen auf der ganzen Welt.
Seine Bücher sind weltweite Erfolge und wurden oft zu entscheidenden
Inspirationen für gegenwärtige spirituelle Suchbewegungen. Der Schwer-
punkt seiner Arbeit liegt auf der Ausbildung einer zeitgenössischen
christlichen Spiritualität.

Richard Rohr

Werde,
wer du wirklich bist

Aus dem Amerikanischen
von Ulrike Strerath-Bolz

HERDER

FREIBURG · BASEL · WIEN

HERDER spektrum Band 6415

2. Auflage 2021

Titel der amerikanischen Originalausgabe
Immortal Diamond. The search for our True Self.
© Richard Rohr 2013. Alle Rechte vorbehalten.
Veröffentlicht von Jossey Bass. A Wiley Imprint, San Francisco/USA

Für die deutschsprachige Ausgabe
Das Wahre Selbst. Werden, wer wir wirklich sind
© Verlag Herder GmbH, Freiburg im Breisgau 2013
ISBN 978-3-451-32589-2

Umschlaggestaltung: wunderlichundweigand
Umschlagmotiv: iStock

Satz: post scriptum, Emmendingen/Hinterzarten
Herstellung: GGP Media GmbH, Pößneck

Printed in Germany

ISBN 978-3-451-06415-9

Inhalt

Falle anheim dem überbleibenden Wurm; Wildfeuer der Welt,
    lasse du nichts als Asche:
In einem Blitz, auf einen Stoß der Posaune
Bin ich sogleich was Christus ist, weil er war was ich bin, und
Dieser Hans-Narr, armer Scherben, Flicken, Holzspan,
    unsterblicher Diamant,
Ist unsterblicher Diamant.

Gerard Manley Hopkins

Einladung

Der unsterbliche Diamant des Wahren Selbst

> Die Tatsache, dass Leben und Tod «nicht zwei» sind, ist äußerst schwierig zu erfassen, nicht weil es so schwierig zu verstehen wäre, sondern weil es so einfach ist.
>
> *Ken Wilber*

> Wir verpassen die Einheit von Leben und Tod, sobald unser gewöhnlicher Geist darüber nachzudenken beginnt.
>
> *Kathleen Dowling Singh*

Wo der Text des Markusevangeliums – des ältesten Evangeliums – das erste Mal endet oder eher abbricht, begegnen wird einer sehr enttäuschenden und deshalb wohl wahren Bemerkung: «Da gingen sie hinaus und flohen vom Grab; denn Angst und Entsetzen hatte sie gepackt. Und sie sagten niemand etwas; denn sie fürchteten sich» (Markus 16,8). Was für eine seltsame Reaktion, nachdem sie gerade mit einem Engel gesprochen hatten, der ihnen sagte, sie sollten sich nicht fürchten.

Die Flucht vor der Auferstehung, wie sie in diesem frühen Text berichtet wird, ist eine Art Prophezeiung für das Christentum – ebenso wie für die meisten anderen Religionen. Ich sehe darin die menschliche Versuchung, nicht nur vor der

Gegenwart Gottes zu fliehen und sie zu leugnen, sondern auch vor unserem Wahren Selbst, vor unserer Seele, unserem inneren Schicksal, unserer wahren Identität. Das Wahre Selbst ist jener Teil von uns, der weiß, wer wir sind und zu wem wir gehören, wenn auch zu einem Großteil unbewusst. Unser Falsches Selbst entspricht dem, was wir zu sein denken. Aber Denken macht uns nicht zu dem, der wir sind.

Wir sind für die Transzendenz, für endlose Horizonte gemacht, aber unser kleines Ego steht uns normalerweise im Weg – bis wir seine kleinlichen fixen Ideen durchschauen und uns endlich auf die Suche nach einer tieferen Wahrheit machen. Es ist wohl wie bei der Suche nach Diamanten. Wir müssen tief schürfen und zögern doch, schrecken womöglich davor zurück. Bemerkenswerterweise ist selbst im später hinzugefügten Ende des Markusevangeliums noch drei Mal die Rede davon, dass die Jünger nach wie vor nicht an die Auferstehung glaubten (16,11–15). Jesus «schalt ihren Unglauben und die Härte ihres Herzens» (16,14). Das ist kein harmonischer Schlussakkord, kein Happy End am Beginn einer neuen Religion! Die Jünger waren nicht die «wahrhaft Glaubenden», die wir heute gern sein würden. Man kann daraus nur schließen, dass es sich hier um eine historische Wahrheit handelt, sonst hätten sie es nicht zugegeben. (Oder ist es vielleicht die Erkenntnis, dass der Zweifel der notwendige Widerpart des wahren Glaubens ist?)

Die Frage der drei Frauen in diesem ersten Augenblick, da die Frage nach der Auferstehung sich stellt, liegt auch uns auf den Lippen: «Wer wird uns den Stein vom Eingang des Grabes wegwälzen?» (16,3). Wer wird uns helfen, nach unserem Wahren Selbst zu suchen? Was kostet es mich, mein Wahres Selbst zu finden? Und woher weiß ich überhaupt, dass es einen «unsterblichen Diamanten» gibt unter der steinigen

Oberfläche meines Egos, meiner besonderen Lebenserfahrung und meiner Kultur? Bislang war es üblich (ohne dass es uns wirklich wehgetan hätte), intellektuell zu argumentieren oder schlicht zu glauben, dass der Körper Jesu tatsächlich «auferstehen» konnte. Das war viel einfacher, als zu fragen, ob *wir* uns tatsächlich verändern oder auferstehen können. Wir haben uns immer davongestohlen, haben uns davor gedrückt, erwachsen zu werden und uns ernsthaft auf die Suche nach unserem Wahren Selbst zu machen.

Wie so viele in der «ewigen Tradition»[1] auf die eine oder andere Weise gesagt haben: Wenn die «falsche Person» die richtigen Mittel benutzt, werden selbst die richtigen Mittel auf falsche Weise wirken. Aber wenn die «richtige Person» die falschen Mittel benutzt, wird sie begreifen, wann sie unterwegs Kurskorrekturen anbringen muss. Ich würde immer lieber mit dem zweiten Menschen arbeiten. Das «Selbst» muss in Ordnung sein! Sonst wird auch gutes, moralisches Handeln einen engen, kleinlichen und zersetzenden Charakter haben. Dagegen kann das richtige «Selbst» sogar falsche Dinge tun, und es wird immer noch irgendwie in Ordnung kommen. Das kennen Sie aus Ihrer eigenen Erfahrung. Wir müssen wissen, wer es ist, der handelt, wer es ist, der nachdenkt. Ist es «Ihr» Selbst? Das göttliche Selbst? Oder nur ein Chamäleon? Diese Frage ist grundlegend für eine reife Spiritualität, gleich welcher Ausrichtung.

Und ein Zweites müssen wir beachten: Markus sagt auch, Jesus habe sich «in anderer Gestalt» gezeigt (16,12). Ist vielleicht die radikale Veränderung durch die Auferstehung das Problem? Ich glaube, ja, und sie ist auch unser erster richtiger Hinweis bei unserer Suche nach dem Wahren Selbst.

Wir sind nicht besonders vertraut mit der auferstandenen Gestalt von Dingen, obwohl es jedes Jahr Frühling wird, obwohl wir körperliche Heilung erlebt haben, obwohl es zehntausend neue Formen gibt, in jedem Ereignis und in jedem Leben. Die Todesseite der Dinge lockt unsere Fantasie und fasziniert uns – wie es Angst und Negatives leider immer tun. Wir müssen erst lernen, wie man nach etwas Unendlichem, Positivem oder Gutem sucht, und das ist aus irgendeinem Grund viel schwieriger. Jahrhunderte der Philosophie haben wir damit verbracht, das «Problem des Bösen» zu «lösen», und doch glaube ich, das «Problem des Guten» ist viel verblüffender und erstaunlicher. Welche Erklärung haben wir für all die geschenkte reine Güte in dieser Welt? Wir würden viel bessere Ergebnisse erzielen, wenn wir diese Frage angingen.

Irgendwie ist die Auferstehung – die ich mit der Offenbarung unseres Wahren Selbst gleichsetze – tatsächlich ein Risiko und eine Bedrohung für die Welt, wie wir sie errichtet haben. Wenn unser Wahres Selbst «aufersteht», werden wir in viele Gruppen nicht mehr hineinpassen, auch nicht in eine religiöse Gesellschaft, die dem Falschen Selbst oft schmeichelnd und nachgiebig begegnet – weil sie nichts anderes kennt.

Ob Menschen es zugeben oder nicht: Wir sind alle versessen auf den Status quo oder die Vergangenheit, wie Verliebte oder Abhängige, selbst wenn sie uns umbringt. Die Auferstehung bietet uns eine Zukunft an, fast möchte ich sagen: eine dauerhafte Zukunft. Aber es ist eine unbekannte und deshalb Furcht einflößende Zukunft. Menschen finden es einfacher, ihre Energie auf Tod, Schmerz und Probleme zu konzentrieren als auf Freude. Ich kenne das selbst. Aus irgendeinem traurigen Grund *unterschätzen wir die Freude und greifen nach der Opferrolle.*

Das Wahre Selbst und seine Auferstehung sind immer eine Bedrohung. Wenn wir von der Auferstehung des Christusleibs sprechen, ist nicht von der Wiederbelebung einer alten

Sache die Rede, sondern vom Auferstehen von etwas ganz und gar Neuem. Bei der Auferstehung geht es nicht einfach darum, dass ein einzelner Mann in seinen Körper zurückkehrt, sondern ebenso sehr um einen *universellen Menschen, der uns in eine universelle Zukunft führt – und der das tut, indem er die gesamte Vergangenheit ergreift und sie verwandelt, transformiert!* (Epheser 4,15–16). Bedenken Sie, dass in allen Auferstehungsberichten der vier Evangelien dieselben großartigen Bilder vorkommen: Da wird gerannt, geeilt, da gibt es Aufregung, Freude, Essen, einen großen Fischfang, da springen Leute nackt und frei ins Wasser. Freiheit für die Zukunft, weil die Vergangenheit vorbei ist, vergangen, ganz und gar vergeben.

Die Klärung und Wiederentdeckung dessen, was ich hier das Wahre Selbst nenne, legt eine solide Grundlage – und ein klares Anfangsziel – für jede Religion. Sie können kein ernst zu nehmendes spirituelles Haus bauen, wenn Sie nicht erst einmal etwas Festes, Grundlegendes finden – in Ihnen selbst. «Gleich und gleich gesellt sich gern», lautet das Prinzip. Gott in uns kennt Gott, liebt und dient Gott – in allem anderen. Wir müssen nur noch mit beiden Füßen «an Bord springen». Ich nenne das Bewusstheit, und ich glaube, der auferstandene Christus ist die Ikone der vollständigen Bewusstheit. Im menschlichen Geist Christi *erkennt* sich jeder Teil der Schöpfung als (1) göttlich gezeugt, (2) von Gott geliebt, (3) gekreuzigt und (4) am Ende wiedergeboren. Er trägt uns hinüber, versichert uns, dass alles gut ist, und gibt uns auf diese Weise ein Beispiel für die ganze Reise und die schlussendliche Richtung der Bewusstheit.[2] Das ist das Wichtigste, was ich darüber sagen kann, wie Jesus «uns erlöst».

Die «ewige Tradition», die mystische Tradition, auf der ich hier aufbaue, geht davon aus, dass es in allen Menschen eine

Fähigkeit zur göttlichen Wirklichkeit gibt, eine innere Ähnlichkeit mit ihr, eine Sehnsucht nach ihr. Und *wir sind, was wir suchen*. Genau darum behauptet Jesus: Wir *werden* es finden (Matthäus 7,7–8). Die ewige Tradition kommt unausweichlich zu dem Schluss, dass wir am Anfang nicht sehen können, wonach wir suchen, weil wir ja gerade nach diesem Sehen suchen. Gott ist nie ein Objekt, das wir finden oder besitzen können, sondern er teilt mit uns unsere tiefste Subjektivität, unser «Selbst». Üblicherweise sprechen wir von «Seele», die Religion von der «göttlichen Einwohnung».

Ich glaube, dass der Christus das archetypische Wahre Selbst in der Geschichte ist, der Ort, an dem Materie und Geist endlich zusammenwirken, an dem das Göttliche und das Menschliche endlich in einem Gefäß zusammenkommen, an dem es «nicht mehr Juden und Griechen, Sklaven und Freie, Mann und Frau» gibt (Galater 3,28). Dieser Christus geht uns voraus in ein neues Land, nach «Galiläa», in die vergessenste Ecke des Römischen Reichs und der jüdischen Religion. «Du bist bestimmt auch einer von ihnen. Schon deine Sprache verrät dich ja», bekommt Petrus zu hören (Matthäus 26,73). «Forsche nach und du wirst sehen, dass aus Galiläa kein Prophet kommen kann», sagen die Mitglieder des Hohen Rats (Johannes 7,52). Und doch: «Dort werdet ihr ihn sehen, wie er euch gesagt hat» (Markus 16,7). Vielleicht wird das Wahre Selbst – und das vollständige Christusmysterium (das nicht gleichzusetzen ist mit dem organisierten Christentum) – immer in den vergessenen Ecken der großen Reiche und in den tiefen Schächten der Religionen leben.

Einige werden denken, dass ich auf eine selbstüberschätzende Weise davon rede, «persönlich göttlich» zu sein, und diese Art, über Auferstehung zu sprechen, eifrig als Häresie, Arroganz oder Pantheismus verwerfen. Aber das Evangelium ist viel subtiler! Jesu Leben und sein auferstandener Leib sagen uns vielmehr, dass die Entdeckung unserer eigenen göttlichen DNA die einzige, vollständige und endgültige Bedeutung des Menschseins darstellt! Das Wahre Selbst ist nicht «Gott», aber auch nicht «menschlich». *Das Wahre Selbst ist beides zur gleichen Zeit. Und beides ist reines Geschenk.*

Etwas so radikal Neues ist bedrohlich, selbst wenn es sich in dem ältesten, wahrsten und tiefsten «Selbst» offenbart, das wir sind. Die Auferstehung Jesu war die radikale Verweigerung, sich mit der Opferrolle zu identifizieren oder als Vergeltung irgendwelche Opfer zu schaffen. Wir haben es hier mit einem ganz und gar neuen Drehbuch für die Geschichte zu tun. Im Gegensatz zur Auferweckung des Lazarus (Johannes 11,1–44) ist die Auferstehung Jesu dauerhaft und endgültig, was die Menschheitsgeschichte angeht. *Er steht stellvertretend für uns alle.*

In dem folgenden Auszug aus ihrem Gedicht *Sie haben uns mit Auferstehung gedroht* drückt die guatemaltekische Dichterin Julia Esquivel sehr schön aus, wonach ich greifen möchte:

> Etwas in uns lässt uns nicht schlafen,
> lässt uns nicht ruhen,
> wird nicht zu pochen aufhören
> tief in uns drin.
> Es ist das stille, warme Weinen
> der Indio-Frauen, die ihre Männer vermissen,
> es ist der traurige Blick der Kinder,
> erstarrt irgendwo jenseits der Erinnerung …
>
> Was uns nicht schlafen lässt,
> ist ihre Drohung mit Auferstehung!
> Denn an jedem Abend,

obwohl der Morde so müde,
des endlosen Verzeichnisses seit 1954,
lieben wir immer noch das Leben
und akzeptieren ihren Tod nicht!

… denn in diesem Marathon der Hoffnung
gibt es immer andere, die uns erlösen,
die stark genug sind,
die Ziellinie zu erreichen,
die jenseits des Todes liegt.

Haltet mit uns diese Nachtwache,
und ihr werdet wissen, wovon zu träumen ist!
Dann werdet ihr erkennen, wie wunderbar es ist,
mit der drohenden Auferstehung zu leben.

Im Wachen zu träumen,
Ausschau zu halten im Schlaf,
im Sterben zu leben
und zu wissen,
dass wir schon auferstanden sind.[3]

Nur unser Wahres Selbst kann allen Ernstes so sprechen. Für das Falsche Selbst – das Selbst, das vom Ego und seinen eingeschränkten Sorgen getrieben wird – ist eine solche Dichtung nur und ausschließlich Dichtung, ein billiger Grußkartentext, schnell vergessen, ein ärmlicher Versuch, im Dunkeln zu pfeifen. Aber *es gibt* ein Wahres Selbst, eine auferstandene Gegenwart, und sie ist das, «was uns nicht schlafen lässt». Deshalb lassen Sie uns jetzt versuchen, den Stein wegzuwälzen, den Schutt wegzuräumen und damit zu beginnen, das Wahre Selbst auszugraben. Sie werden einen Diamanten finden.

Einleitung

> Weil ihr es aber abweist und euch selbst des ewigen
> Lebens nicht wert erachtet, wenden wir uns an die
> Heiden.
>
> *Paulus und Barnabas, Apostelgeschichte 13,46*

Ich schreibe dieses Buch für nicht-religiöse Suchende und
Denkende, für Glaubende und Nicht-Glaubende gleichermaßen und für die riesige, desillusionierte Gruppe derer,
die sich erst einmal von der Religion erholen müssen. Über-
raschenderweise sind gerade diese Menschen oft eher bereit,
das Geheimnis zu sehen, als viele religiöse Leute. Ich kann
nicht mehr auf die vielen Christen warten oder ihnen falschen
Trost versprechen, die noch immer dabei sind, ihre «persönliche Beziehung» mit einem sehr kleinen Jesus zu vertiefen – der
ihnen selbst schrecklich ähnlich sieht. Viel lieber würde ich
für Leute wie Jane Fonda schreiben, die vor Kurzem gesagt
hat: «Ich spüre eine Präsenz, eine in mir summende Ehrfurcht,
die schwer auszudrücken war und ist.» Also gut, Jane, wir
werden versuchen, dieses *Summen* in diesem Buch auszudrücken und zu klären.

Denn viel zu viele religiöse Menschen verfolgen diese «summende Ehrfurcht in ihnen» nicht ernsthaft. Sie erkennen
nicht, dass etwas in ihnen ihr tiefes Vertrauen braucht und
dass sie vielen Dinge erlauben müssen, zu sterben – nicht weil
diese Dinge schlecht sind, sondern weil sie sie vielleicht nicht

dorthin bringen können, wohin sie unterwegs sein wollen. Spiritualität hat mehr mit Verlernen als mit Lernen zu tun. Und wenn Asche und Schlacken weggeräumt sind, wird das, was unsere Ehrfurcht weckt, da sein und auf uns warten.

Viele religiöse Menschen scheinen zu glauben, dass Gott aus irgendeinem ganz und gar unerklärlichen Grund die Vergangenheit des Menschen (normalerweise vor allem die jüngste Vergangenheit der eigenen Gruppe) liebt und nicht die Gegenwart oder die Zukunft der ganzen Schöpfung. Wie Jaroslav Pelikan es vor vielen Jahren so treffend ausgedrückt hat: «Tradition ist der lebendige Glaube der Toten. Traditionalismus ist der tote Glaube der Lebenden, und ich sollte wohl hinzufügen, dass es der Traditionalismus ist, der der Tradition einen so schlechten Ruf verschafft.»[4] Wir können es eigentlich viel besser, wir müssen tatsächliche Gotteserfahrung nicht durch bloßen Traditionalismus ersetzen.

Unsere Identifikation Gottes mit der Vergangenheit tut der Gegenwart und der Zukunft keinen Gefallen. Alte Fehler sind immer noch Fehler, und wir brauchen sie nicht ständig zu wiederholen. Für einen Großteil der Welt stellt sich die Beschäftigung mit der Vergangenheit als göttliche Zustimmung zum Tod aller anderen dar (der Nicht-Christen, Ketzer, Ureinwohner, Sünder, Frauen, Armen, Sklaven usw.), nur nicht zum eigenen Tod! Viele Menschen haben jedes Interesse an dem, was wir Großes über Spiritualität sagen, und an unseren heiligen Schriften verloren, weil sie zu oft von Menschen benutzt werden, die selbst noch so klein sind, so sehr in dem feststecken, was ich Falsches Selbst nenne. Es bringt gar nichts, wenn wir leugnen, dass wir darin feststecken, aber es bringt auch nichts, sich arrogant darüberzustellen, als hätten wir nicht alle Teil an der einen großen Kreuzigung der Wirklichkeit, dem einen «Weltschmerz», wie es im Deutschen heißt.

Wir Christen sprechen in unserem Glaubensbekenntnis von der «Gemeinschaft der Heiligen», aber ich denke, wir sollten auch an die «Gemeinschaft der Sünder» glauben. Denn wir sind voll und ganz Teil beider Gruppen.

Ich hoffe sehr, dass dieses Buch für Sie drei Dinge klären und vor allem in der eigenen Erfahrung bestätigen wird, die auf alle Menschen zutreffen, ganz gleich, welcher Religion sie angehören, und auch, wenn sie keiner Religion angehören. Ich werde religiöse Sprache gebrauchen, weil nach wie vor 95 Prozent der Welt und 99 Prozent der Geschichte diese Sprache teilen, aber ich vermute, Sie werden mir zustimmen: Was ich über Gnade, Tod und Auferstehung sage, trifft auf jeden Menschen zu und braucht keine besondere religiöse Sprache.

Die folgenden drei Gedankengänge kamen mir in großer Klarheit in sehr kurzer Zeit in den Sinn, als ich während meines Rückzugs in der Fastenzeit 2012 am Meer spazieren ging. Auf mancherlei Weise fassen sie schon zu Beginn das ganze Buch zusammen:

▶ *Die Güte Gottes erfüllt alle Klüfte des Universums, ohne Unterschiede oder Vorlieben.* Gott ist der Geschenkcharakter von absolut allem. Der Leerraum zwischen den Dingen ist überhaupt kein Raum, sondern Geist. Gott ist der «Klebstoff der Güte», der die dunkle und die helle Seite aller Dinge zusammenhält, die freie Energie, die alles Tote über die große Schwelle trägt und in Leben verwandelt. Wenn wir sagen, dass Christus «unsere Schuld ein für alle Mal bezahlt hat», dann meinen wir damit schlicht und einfach, dass es an Gott ist, alle Mängel des Universums auszugleichen. Was sonst sollte Gott tun? Gottes Vorname ist «Gnade», und vermutlich ist es auch sein Nachname. *Gott erhält mit seiner Gnade alles, was er erschaffen hat, in der Liebe und am Leben – für alle Zeit.*

Gnade ist Gottes offizielle Arbeitsplatzbeschreibung. Gott schenkt keine Gnade, er *ist* Gnade. Wenn wir den ersten Zeugen glauben dürfen, dann ist eine unerklärliche Güte im Universum am Werk. (Einige von uns nennen dieses Phänomen Gott, aber das Wort ist nicht unbedingt nötig. Tatsächlich steht das Wort der Erfahrung manchmal im Wege, weil zu viele Leute das Wort «Gott» für etwas anderes verwendet haben als für Gnade.)

▶ *Im Tod geht es nicht nur um das körperliche Sterben, sondern darum, in die Tiefe zu gehen, bis auf den tiefsten Grund, jenseits dessen, was unter meiner Kontrolle ist, ganz und gar darüber hinaus, wo ich jetzt bin.* Kein Wunder, dass uns das Angst macht. Tod bedeutet «niedergefahren zur Hölle», wie es im alten christlichen Glaubensbekenntnis und anderen Quellen heißt, der Abgrund, die dunkle Nacht, die Scheol oder der Hades. Wir alle sterben, wir haben keine andere Wahl. Aber es gibt Stufen des Todes vor dem endgültigen körperlichen Sterben. Wenn wir ehrlich zu uns sind, anerkennen wir, dass wir unser Leben lang sterben, und wenn wir achtsam sind, können wir etwas daraus lernen: *Gnade findet sich in den Tiefen und im Tod von allem.* Nach diesen kleineren Toden wissen wir, dass es nur eine «Todsünde» gibt: das Schwimmen auf der Oberfläche der Dinge, wo Gott und die Liebe niemals zu sehen, zu finden oder auch nur zu ersehnen sind. Und das gilt auch für die Oberfläche der Religion, die vielleicht sogar am gefährlichsten ist. Wir müssen uns also nicht davor fürchten, zu fallen, zu scheitern, hinabzusteigen.

▶ *Wenn Sie ganz in die Tiefe und in den Tod hinabsteigen, vielleicht sogar in die Tiefen Ihrer Sünden, kommen Sie auf der anderen Seite wieder heraus – und das nennen wir*

Auferstehung. Etwas oder jemand baut eine Brücke für Sie, die nur von der anderen Seite zu erkennen ist, eine Brücke, die Sie hinüberträgt, wenn Sie wollen – und auch, wenn Sie nur teilweise wollen. Niemand ist darüber mehr überrascht und erfreut als der oder die Reisende selbst, wenn wir den angesehenen, verlässlichen Quellen (Mystikern, Schamanen, Menschen mit Nahtoderfahrungen) glauben dürfen. Etwas oder jemand scheint die tragische Lücke zwischen Tod und Leben auszufüllen, *aber erst an dem «Punkt ohne Wiederkehr».* Niemand von uns kann diese Brücke aufgrund eigener Anstrengungen oder Verdienste, aufgrund eigener Reinheit oder Vollkommenheit überschreiten. Wir alle werden von einer unerschaffenen, unverdienten Gnade hinübergetragen: Papst und Präsident, Fürstin und Bäuerin. Unsere Würdigkeit ist keine Eintrittskarte, nur die tiefe Sehnsucht, und die Sehnsüchtigen bekommen sie geschenkt. Das Grab ist am Ende immer leer. Es gibt keine Ausnahme in Sachen Tod, und es gibt keine Ausnahme in Sachen Gnade. Und ich glaube – gut begründet –, es gibt auch keine Ausnahme in Sachen Auferstehung.

In dieser Betrachtung von Wahrem Selbst, Falschem Selbst, Auferstehung und Verwandlung werde ich mich auf die Evangelien des Neuen Testaments beziehen, außerdem auf die Briefe des Paulus und Johannes und die Apostelgeschichte, aber wenn die Heilige Schrift für Sie keine natürliche Autorität besitzt, lassen Sie die Zitate einfach außer Acht. Ich hoffe, die spirituellen Vorstellungen und Ideen können auch für sich stehen, ohne die Bibel. *Wenn ich die Heilige Schrift zitiere, dann um zu zeigen, dass ich mir das alles nicht «ausgedacht» habe.* Ich stehe auf dem Boden der jüdisch-christlichen Tradition, und in diesem Licht beziehe ich mich auch auf Gelehrte und Heilige, Theologen und Dichter, um uns den ewigen Wahrheiten näherzubringen, die alle Religionen gemeinsam haben.

Die «Methode», der ich zu folgen versuche, umfasst die drei Größen Heilige Schrift, Tradition und inneres Erleben, die sich wechselseitig ausbalancieren und bestätigen, wenn alle drei mit Wertschätzung und Respekt in Beziehung zueinander gesetzt werden. Persönliche Erfahrung ist für mich das unterentwickelte «Dritte», das wir brauchen, um den erschöpften dualistischen Wettstreit zwischen dem katholischen «Traditions»-Prinzip und dem protestantischen «Bibel»-Prinzip *(sola scriptura»)* zu überwinden. Kritischer Verstand ist das Regulativ, um die drei Prinzipien Schrift, Überlieferung und Erfahrung auf faire Weise in Einklang zu bringen.[5]

Im Anhang: Praktische Erfahrungen

Seit der Aufklärung des 18. Jahrhunderts gibt es wenig Interesse für spirituelle Praktiken und Wege, auf denen man Heiliges und Wahres selbst erfahren könnte. John Wesley, der Vater der methodistischen Tradition, hat mit seinen «Methoden» einen Versuch in dieser Richtung unternommen, aber offensichtlich wurden nicht so viele Herzen davon so sehr «erwärmt» wie sein eigenes. In der katholischen Kirche gab es nach wie vor die wunderbaren «kontemplativen Orden», aber selbst sie hatten die alten Traditionen – das Ruhegebet und das Gebet jenseits der Worte – verloren.[6] Katholiken, Orthodoxe und Anglikaner haben ihre Sakramente und Liturgien, aber sie wurden allzu oft zu leeren Wiederholungen und förderten Bewusstlosigkeit anstelle von Bewusstheit, vor allem bei vielen, die streng an sie gebunden waren. Es scheint, als fände das Ego immer eine Möglichkeit, die Macht zu übernehmen, vor allem in der gefährlichen Welt der Religion, und oft übernimmt es sie auch in ausgesprochen schlauen Maskierungen. Wie es die Zen-Meister so schön sagen: «Vermeide Spiritualität, wenn es möglich ist; sie ist eine Beleidigung nach der anderen.» Sie wissen, dass jede wahre Religion unser Ego «beleidigt» und keinen billigen Trost spendet.

Bis heute werden wir mehr von äußeren Autoritäten getrieben («Sünde ist, wenn du nicht …» oder «Die Kirche lehrt …»), als dass wir uns von der ruhigen, liebevollen inneren Autorität des Gebets, der Übung und inneren Erfahrung (dem uns innewohnenden Heiligen Geist) ziehen ließen. Dabei würden wir auf diese Weise viel eher unserem Wahren Selbst begegnen und es kennenlernen. Aus ganz praktischen Gründen ist dieser Identitätswechsel die wichtigste, geradezu erdrutschartige Verschiebung von Motivation und Bewusstheit, die in einer reifen Religion mit gutem Recht «Bekehrung» genannt wird. Sie bildet das Herzstück jeder religiösen Verwandlung.[7] Und ohne sie ist Religion nur ein System der Zugehörigkeit, das unser Bewusstsein oder unsere Motivation nicht radikal verändern kann.

Wir müssen zu einer Spiritualität zurückkehren, die auf praktischen Erfahrungen beruht und bei der sich der Blickwinkel verschiebt: Nicht mehr der *Blick auf Gott* steht im Vordergrund, sondern der *Blick Gottes*. Das wird hoffentlich klar und einladend im Verlauf dieses Buches vermittelt und in den verschiedenen Übungen im Anhang noch einleuchtender. Im Christentum geht es viel mehr ums Tun als ums Denken. Oder, wie Thomas von Aquin, nicht gerade ein katholisches Leichtgewicht, gesagt hat: «Prius vita quam doctrina – Das Leben steht vor der Lehre.»[8]

Alles, was ich in diesem Buch zu sagen versuche, dient einem einzigen Zweck: Leben, und zwar Leben «in Fülle» (Johannes 10,10). Für alle Menschen. Das Leben in der ganzen Vielfalt seiner Formen ist, solange wir davon wissen, ein Geschenk jenseits von Religionen, Nationen, Volkszugehörigkeit, Zeit und Ideologie, und es gehört nicht nur den Menschen.

Meine einzige Aufgabe – und Ihre ebenso – besteht darin, Gott in seiner Liebe zum Leben nachzueifern.[9] Und wenn Gott seine Gnade und das Leben so reichlich und breit verschenkt (Apostelgeschichte 11,22), «wer bin ich, dass ich vermocht hätte, Gott zu hindern?» (Apostelgeschichte 11,17). Das Beste, was wir tun können, ist zu unterstützen, was offensichtlich bereits geschieht. Vollkommene Spiritualität ist nichts anderes als die Nachahmung Gottes.

Erstes Kapitel

Was ist das «Wahre Selbst»?

An diesem hohen Ort
ist es ganz einfach:
Lass alles, was du weißt, hinter dir.

Geh auf die kalte Oberfläche zu
sprich das alte Gebet schlichter Liebe
und breite die Arme aus.

Die mit leeren Händen kommen,
werden staunend in den See blicken,
dort im kalten Licht,
im Widerschein des reinen Schnees:

die wahre Form deines eigenen Gesichts.
David Whyte: Tilicho Lake[10]

Konservative suchen nach absoluter Wahrheit. Liberale suchen nach etwas Echtem, Authentischem. Ehepartner suchen nach einer Ehe, die andauert, «bis dass der Tod uns scheidet». Gläubige suchen nach einem Gott, der sie niemals enttäuscht. Wissenschaftler suchen nach der Weltformel. Sie alle sind mit der gleichen Mission unterwegs. Wir suchen alle nach einem unsterblichen Diamanten. Nach etwas ganz und gar Verlässlichem. Nach Wahrheit und Treue. Nach etwas, auf das wir uns immer verlassen können. Unvergesslich und leuchtend. Für alle diese Menschen gibt es eine Einladung in dem sehr kurzen zweiten Brief des Johannes. Dort schreibt er von der «Wahrheit, die in uns bleibt und die bei uns sein wird in Ewigkeit» (2 Johannes 2). Aber die meisten von uns wissen nur wenig davon, und so enden wir, wie es Augustinus in seinen *Bekenntnissen* zugibt: «Spät habe ich dich geliebt, du alte und immer neue Schönheit. Spät habe ich dich geliebt! Du warst in mir, aber ich war nicht dort.»[11]

Irgendwann geben wir es auf – oder fangen gar nicht erst damit an –, diese Wahrheit zu suchen, und ziehen uns in uns selbst zurück, als wollten wir ganz allein unser Bezugspunkt sein: das weit verbreitete Problem des Individualismus und der Egozentrik. Ich glaube, beides gehört zusammen. Wir spalten uns auf und ziehen uns in uns selbst zurück. Aber wir kommen unweigerlich zu unserem Ego (unserem kleinen Selbst oder Falschen Selbst), weil wir nichts anderes kennen. Dies ist die allgemeine Standardposition, wenn auch großenteils unbewusst. Aber sie übernimmt die Macht, und weil unsere Spaltung so tiefgreifend ist, macht sie alle normalen Lebensweisen einschließlich der Ehe, dauerhafter Freundschaften und der meisten Formen von Hingabe weitgehend unmöglich. *Dieser Rückzug in das Selbst des eigenen Ego ist gleichzeitig absolut richtig und entsetzlich falsch.* In diesem Buch gebe ich mir Mühe zu zeigen, woran das liegt.

Es ist richtig, dass wir uns nach innen wenden, denn sonst verirren wir uns in dem äußerlichen, rotierenden Spiegelkabinett, von dem Augustinus spricht. Die Frage ist nur: Welches «Innen»? Ich spreche von unserem Wahren Selbst und Falschen Selbst, denn viele Leute finden diese Begriffe recht hilfreich. Es ist sehr gut und auch notwendig, dass wir uns in unser Wahres Selbst zurückziehen, aber es läuft auf eine ziemliche Katastrophe hinaus, wenn wir uns zu lange in unser Falsches Selbst zurückziehen oder es – noch schlimmer! – niemals verlassen. Beide, Wahres Selbst und Falsches Selbst, fühlen sich an wie ein «Selbst», und das löst die Verwirrung aus. Das eine könnte man auch als wahre «Zentrierung» bezeichnen, das andere als die viel weiter verbreitete «Egozentrik», die Grundlage des Problems.

Deshalb macht Jesus ebenso wie die meisten großen geistlichen Lehrer sehr deutlich, dass es ein Selbst gibt, das wir finden müssen, und dass es ein Selbst gibt, das wir loslassen oder gar aufgeben müssen (Markus 8,35; Matthäus 10,39 und 16,25; Lukas 9,24; Johannes 12,26). Der Buddhismus gestattet keinerlei Kompromiss oder Aufweichung bei dieser grundlegenden Botschaft. Das ist der Grund, warum sich so viele Menschen von seiner radikalen Ehrlichkeit angezogen fühlen.

Die Stimmen der ewigen Tradition sind sich vollkommen klar darüber, dass es zwei Arten des Selbst gibt, obwohl sich die Sprache von Gruppe zu Gruppe unterscheidet. Die wichtige Frage lautet: Woran erkennen wir den Unterschied? Diejenigen, die einen heiligen Ursprung des Universums («Gott») leugnen, haben keine Möglichkeit, etwas «wahr» zu nennen, und müssen deshalb auf Psychologie, Philosophie und kulturelle Normen zurückgreifen, um etwas Gültiges zu finden. Und sie sind sehr gut – so weit ihre Mittel eben reichen.

Diejenigen von uns, die von sich behaupten, dass sie an Gott glauben, leugnen eher die Tatsache, dass wir bereits «Kinder Gottes» sind (1 Johannes 3,1), als sie zu bekennen, und erschaffen willkürliche Reifen, durch man springen soll – was nur wenigen ganz gelingt, wenn wir ehrlich sind. Mein moralisches Selbst, das sich ständig verändert, wird also zum Maßstab, und schon ist jeder absolute Maßstab verloren. Es scheint, *als wäre es dem Falschen Selbst lieber, nur ganz wenige «gewinnen» zu lassen, als dass Gott mit allen gemeinsam gewinnt.* Nach einem Leben, in dem ich in vielen Kirchen auf vielen Kontinenten gearbeitet habe, ist das meine traurige Schlussfolgerung frei nach Matthäus: «Viele sind berufen, aber nur wenige erlauben es sich, auserwählt zu sein» (Matthäus 22,14). Jedenfalls verstehe ich diesen von den meisten Predigern und Übersetzern so oft hinterrücks ermordeten Vers so.[12]

Wir werden auf viele Weisen über die beiden Arten des Selbst sprechen. Nach der Methode des Sokrates werden wir sie in diesem Buch immer wieder umkreisen. Die Suche nach der Seele ist heute ein wenig klarer geworden, indem wir Worte gefunden haben, die dem modernen, eher psychologisch denkenden Verstand zugänglich sind. Wir könnten das Falsche Selbst jetzt auch unser kleines Selbst oder Ego nennen, das Wahre Selbst unsere Seele. Wenn das Wahre Selbst Ihnen klarer wird – und das wird bei den meisten von Ihnen der Fall sein –, dann werden Sie Ihre Spiritualität auf ihre erste, grundlegende Aufgabe zurückführen können und damit den besten Beratungsdienst aller Zeiten beschäftigen. Ich sage gern: «Sie haben gerade 10.000 Dollar unnötiger Therapiekosten gespart!» Warum? Weil Sie, wenn Sie Ihr Wahres Selbst finden, *einen absoluten Bezugspunkt haben, der ganz und gar in Ihnen und gleichzeitig ganz und gar jenseits Ihrer selbst liegt.* Und damit gründet sich die Seele in einer großen, verlässlichen Wahrheit. «Mein tiefstes Ich ist Gott!» Mit diesem Ausruf rannte die heilige Katharina von Genua durch die Straßen. Dasselbe hatte der Kolosserbrief schon Juden und Heiden zugerufen: «Christus unter euch – die Hoffnung auf Herrlichkeit» (Kolosser 1,27).

Und dann kann die gesunde innere Autorität des Wahren Selbst ausbalanciert werden durch die äußere Autorität der

Heiligen Schrift und der reifen Tradition. Mit anderen Worten: Ihre Erfahrung ist nicht nur Ihre Erfahrung. Das macht Sie gewiss, dass Sie nicht verrückt sind. Gott ist gleichzeitig absolut jenseits von mir und ganz und gar in mir: Dieses großartige Gleichgewicht erreicht Religion nach meiner Auffassung nur selten. Aber das Gesetz ist sowohl in Steintafeln gemeißelt als auch in Ihr Herz (Deuteronomium 29,12–14), und der alte Bund hat sich zu Recht in den neuen verwandelt (Jeremia 31,31–41), so wie es von heiligen Juden bereits verstanden und gelebt wurde. Jesus steht für dieses ideale jüdische Gleichgewicht. Vergessen Sie nicht: Jesus war kein «Christ»!

Menschen, die diese Ganzheit finden, sind im Gleichgewicht und neigen dazu aufzublühen, im Gegensatz zu bloßen Konformisten oder bloßen Rebellen, die bei allem ständig Partei ergreifen – ohne die erforderliche Weisheit. Denken Sie an den armen Galileo Galilei, der unter dem Druck der Kirche, zu widerrufen, dass sich die Erde um die Sonne dreht, vor seinem Tod ganz ruhig sagt: «Und sie bewegt sich doch.» Er war klug genug, in einem totalitären System zu überleben, und bis heute gilt er als Vater der modernen Wissenschaft, und die modernen Päpste haben ihn rehabilitiert. Beides ist wahr: Sie sind der Leib Christi, und Sie sind nur ein Teil des Leibes Christi. Sie sind der Mittelpunkt der Welt, und Sie sind ihr äußerster Zipfel. Oder, wie der heilige Bonaventura sagte: «Die Mitte ist jetzt überall und der Umkreis nirgendwo.»

Gerade Ihre Erfahrung, «auserwählt» zu sein, macht es Ihnen möglich, diese Erfahrung an andere weiterzugeben, wie sowohl Jesaja als auch Paulus sagen (Jesaja 2,1–5; 56,1–7; Römer 11,16–17). *Äußerliches spirituelles Wissen* neigt zu Aussagen im Sinne von «nur hier» oder «nur dort», während das *echte innere Wissen* eher «immer und überall» sagt. Wir fangen elitär an und enden egalitär. Und Ken Wilber fügt mit Recht hinzu: «Immer!» Was wir umsonst empfangen haben, das geben wir auch umsonst weiter (Matthäus 10,8). Die äußere Autorität hat uns gesagt, dass wir wirklich etwas Besonderes sind (anders kann es nicht anfangen), aber die reifende innere Autorität öffnet uns die Augen dafür, dass alle etwas Besonderes sind, auch wenn wir dafür eher in der zweiten Lebenshälfte angekommen sein müssen. Junge Zeloten denken immer, alles drehe sich um sie.[13]

Ich verspreche Ihnen: Die Entdeckung des Wahren Selbst wird sich anfühlen, als würde Ihnen eine tonnenschwere Last von den Schultern genommen. Sie müssen Ihr idealisiertes Selbstbild nicht mehr aufbauen, schützen oder voranbringen. Das Leben im Wahren Selbst ist viel glücklicher, auch wenn es uns niemals 24 Stunden am Tag gelingt. Aber immerhin haben Sie jetzt einen Ort, an den Sie gehen können. Sie haben endlich eine Alternative zu Ihrem Falschen Selbst, Sie sind wie Jakob, der aus dem Schlaf erwachte und in den Chor der Mystiker aller Zeiten einstimmte: «Wahrlich, der Herr ist an dieser Stätte, und ich wusste es nicht!» (Genesis 28,16). Er weiht den Stein, auf den er seinen Kopf bettete, als es geschah, und nennt ihn Bet-El, «das Haus Gottes und die Pforte des Himmels» (Genesis 28,17–18).[14] Und von da an trägt er die Gegenwart Gottes bei sich, wohin er auch geht. Was zuerst nur an einem bestimmten Ort war, ist bald überall. Die Pforte des Himmels befindet sich zunächst an einer konkreten Stelle, dann wird sie ein Zugang, den Sie bei sich tragen, und am Ende ist überall ihr Ort. Das ist der Fortschritt des spirituellen Lebens. Wie Ken Wilber sagt: «Wir beginnen elitär und enden egalitär – immer!»

Hinweise und Beweise

Wer von uns hat sich nicht schon einmal die Frage gestellt: «Wer bin ich?» – «Wer bin ich wirklich?» – «Wozu bin ich da?» – «Gibt es hier wirklich ein ‹Ich›?» Als wären wir alle uns selbst ein großes Rätsel, müssen wir nach verborgenen Hinweisen suchen. Aber die Suche hört nie auf, uns zu faszinieren, selbst wenn wir älter werden. (Wenn sie doch aufhört, hat mit ziemlicher Sicherheit auch unser Wachstum aufgehört.) Vorträge oder Kurse mit dem Ziel, uns selbst besser zu verstehen, rufen immer großes Interesse hervor, selbst bei sonst eher abgestumpften oder oberflächlichen Menschen.[15] Wir können diese Faszination bei kleinen Kindern sehen, die große Augen machen, wenn wir ihnen vom Tag ihrer Geburt erzählen oder davon, wie sie waren, als sie «klein waren». Oder wie sie «sein» könnten, wenn sie groß sind. Versuchen Sie es – Sie werden erleben, wie die Kinder ruhig werden und mit größtem Interesse zuhören, sobald es um sie selbst geht. Sie starren uns staunend und aufgeregt an und wollen unweigerlich mehr hören. Unsere Botschaften müssen sich für sie anhören wie Orakelsprüche aus einer anderen Welt und aussehen wie Durchgänge zu verborgenen Geheimnissen.

Diese Neugier auf uns selbst wird in den Jahren als Heranwachsende oder junge Erwachsene eher noch stärker, in dieser Zeit, in der wir ein Dutzend Verkleidungen und Rollen ausprobieren und jede Anerkennung, jedes Lob für unsere neueste Inkarnation mit Entzücken zur Kenntnis nehmen. Wir greifen gierig danach, probieren es an, als wollten wir sagen: «Das könnte ich sein!» Manche Menschen ziehen die Verkleidung nie mehr aus. Ein zu früh allzu erfolgreiches Selbst kann zum Drehbuch für ein ganzes Leben werden. Manchmal kommt etwas Gutes dabei heraus, aber allzu oft führt es in die Irre. Denken Sie nur an die vielen jungen Sportler, Musiker oder Dichter, die von ihrer eigenen Identität wie besessen sind, aber nie den Durchbruch schaffen. Selbst wenn sie Erfolg haben, ranken sich darum traurige Geschichten von Unglück, Verlorenheit und Selbstzerstörung. Unsere nachhaltige Neugier in Bezug auf unser Wahres Selbst scheint nachzulassen, wenn wir uns in einer «erfolgreichen» Rolle niederlassen. Dann haben wir anderen gestattet, uns von außen her zu definieren, auch wenn wir es selbst gar nicht merken. Oder vielleicht kümmern wir uns zu viel um die äußere Verpackung und gelangen nie nach innen. Wenn wir in diesem Zustand über das Wahre Selbst reden, ist es nur eine zweite Verkleidung, die sich eher wie ein Morgenmantel anfühlt.

Die Verwirrung um unser Wahres und unser Falsches Selbst hängt in hohem Maße mit den Illusionen der «ersten Lebenshälfte» zusammen, obwohl die meisten von uns das Problem in dieser Phase gar nicht wahrnehmen.[16] Erst später im Leben können wir vielleicht mit Thomas Merton sagen: *«Wenn ich eine Botschaft an meine Zeitgenossen habe, dann sicher diese: Seid, was ihr wollt, seid Verrückte, Trinker und Mistkerle jeder Art, aber vermeidet auf jeden Fall eines: Erfolg. … Wenn ihr nur gelernt habt, erfolgreich zu sein, ist euer Leben wahrscheinlich sinnlos.»*[17] Erfolg ist kaum jemals Ihr Wahres Selbst, sondern nur ein vorläufiger Schaufensterschmuck. Er gibt Ihrer Reise den nötigen Schwung, aber er kann niemals das Ziel sein. Aber das wissen Sie nicht. Für den Moment fühlt er sich richtig, gut und notwendig an – was er ja auch ist. Für kurze Zeit.

Ich erinnere mich an eine angeblich wahre Geschichte von einem jungen Paar, das sein Neugeborenes im Kinderzimmer zum Schlafen legte. Der vierjährige ältere Sohn sagte zu den beiden: «Ich will mit dem Baby reden.» Sie sagten: «Ja, von jetzt an kannst du mit ihm reden.» Aber er drängte weiter und sagte: «Ich will jetzt mit ihm reden, allein.» Überrascht und neugierig ließen Sie den Jungen in das Zimmer des Babys und lauschten an der Tür, was er wohl sagen würde. Und hörten Folgendes: «Schnell, sag mir, wo du herkommst. Schnell, sag mir, wer dich gemacht hat! Ich fange an, es zu vergessen.» Kann das wahr sein? Haben die meisten von uns es einfach vergessen? Hat Jesus das gemeint, als er sagte, wir sollten werden wie die kleinen Kinder, um «es» zu begreifen?

Die meisten spirituellen Lehren sagen auf die eine oder andere Weise: Ja, wir haben tatsächlich angefangen, es zu vergessen, wenn es nicht schon ganz «weg» ist. Unser Problem scheint in einer Art universeller Amnesie zu bestehen. Die Aufgabe der Religion besteht einfach darin, uns zu sagen und uns immer wieder daran zu erinnern, wer wir objektiv sind. Deshalb essen Katholiken immer wieder den «Leib des Herrn», bis sie endlich wissen, dass sie sind, was sie essen: ein menschlicher Leib, der gleichzeitig der ewige Christus ist. Wie könnte die Botschaft sonst lauten? Viele Geistliche haben diese objektive, wunderbare Botschaft umgangen und die Eucharistie in eine Belohnung für gutes Benehmen verwandelt. Sie haben den Kern des Evangeliums sausen lassen für einen kleinen Wettbewerb, in dem ausgerechnet sie die Fleißkärtchen austeilen. Aufgabe der Religion ist es, uns zu «er-innern», was wir nur «stückweise» (1 Korinther 13,12) erkennen. Mit diesem Buch hoffe ich, Sie daran zu erinnern, wie viel Sie schon wissen und wer Sie tief in Ihrem inneren Kern sind – damit Sie es nicht wieder vergessen. Dann wird alles, was Sie sagen oder tun, von einem guten, tiefen, weiten Ort her kommen. Das Wahre Selbst hat immer etwas Gutes zu sagen. Das Falsche Selbst plappert drauflos, hauptsächlich über sich selbst.

Ist es möglich, unser Wahres Selbst auf irgendeiner Ebene zu erkennen? Könnten wir es alle von Anfang an kennen? Weiß ein Teil von uns – mit einiger Sicherheit –, wer wir wirklich sind? Liegt die Wahrheit in uns verborgen? Könnte die zentrale Aufgabe des menschlichen Lebens darin bestehen, bewusst zu entdecken und zu werden, was wir schon sind und unbewusst erkennen? Ja, das glaube ich. Es geht in unserem Leben nicht darum, einen besonderen Namen für uns zu erfinden, sondern darum, den Namen zu entdecken, den wir schon immer trugen. Die meisten ursprünglichen Kulturen suchen bei der Geburt eines Kindes nach begleitenden Zeichen und leiten davon heilige Namen ab. Vielleicht liegt hier der Sinn von Kosenamen, die Liebende füreinander erfinden.

Unser Wahres Selbst ist ganz klar der «Schatz im Acker», von dem Jesus spricht. Er ist unser höchst eigenes Stück vom unsterblichen Diamanten. Er sagt, wir sollten bereit sein, voller Freude alles zu verkaufen, was wir besitzen, um diesen Acker zu erhalten (Matthäus 13,44). Oder diese Diamantengrube. Könnte irgendetwas so wertvoll sein, dass wir alles andere dafür verkaufen würden? In allen Evangelien wird Jesus mit diesem Satz zitiert: «Was nützt es dem Menschen, wenn er die ganze Welt gewinnt, aber sein Leben verliert?» (Matthäus 16,26). Und der Kontext weist eindeutig darauf hin, dass das, worüber Jesus hier spricht, in *dieser* Welt geschieht. Wenn wir einen Schatz in unserem eigenen Acker finden, dann findet sich alles andere. Dann haben wir tatsächlich die «kostbare Perle» (Matthäus 13,46) gefunden, um die Schatz-Metaphern fortzuführen.

Die frühchristlichen Autoren sagen uns, diese Entdeckung des Wahren Selbst sei gleichzeitig die Entdeckung Gottes. Ich habe viel zu oft die unreifen, destruktiven Folgen bei Menschen gesehen, die behaupteten, sie hätten Gott gefunden, und nicht einmal ein Minimum an Selbsterkenntnis besaßen. Sie versuchen, Gott zu «besitzen» und gleichzeitig ihr falsches, selbstgestricktes kleines Selbst zu behalten. Aber das funktioniert nicht (1 Johannes 4,20). Ich habe auch viele Leute kennengelernt, die sich selbst zu kennen schienen und auch gut darin waren, aber nicht auf der weitesten, göttlichen Ebene, und die deshalb selbst um private und öffentliche Bedeutung kämpfen mussten. Ihr mentales Ego ist immer noch ein abgetrenntes, sehr zerbrechliches Selbst.

Einige nennen das mit der Sprache der Integralen Theorie oder Spiraldynamik[18] die «grüne» Stufe: Leute, die gerade schlau genug sind, alle unter ihnen als dumm und alle über ihnen als spirituelle Heuchler zu bezeichnen. Ein bisschen Erleuchtung kann sehr gefährlich sein. Ich habe das bei mir selbst erlebt, bei vielen Geistlichen und vor allem in der Arroganz vieler Akademiker, bei frühen Feministinnen und isolierten Intellektuellen, die nie vertrauensvoll zu einer Gruppe gehören können und immer die einzig wahren Gedanken besitzen. Sie sind so «klug», dass sie böse oder überheblich werden, und irgendwie wissen wir spontan, das etwas nicht stimmt.

Die beiden Begegnungen mit dem Wahren Gott und dem Wahren Selbst werden häufig gleichzeitig erlebt und entwickeln sich parallel. Wenn mir in diesem Buch nicht mehr gelingt, als zu zeigen, warum und wie das geschieht, dann habe ich schon viel erreicht.

Einer der wichtigsten Einzeiler von Jesus lautet: «Freut euch vielmehr, dass eure Namen im Himmel eingeschrieben sind» (Lukas 10,20). Wenn wir darauf vertrauen könnten, würde es unser ganzes Leben verändern. Diese Entdeckung erschafft keine übertriebenen oder anmaßenden Individualisten, wie es die Religion so oft befürchtet, sondern macht alles Getue und alle Täuschung weitgehend unnötig. Unsere tiefste Angst, wir seien nicht gut genug, löst sich auf, und wir können aufhören, nach oben zu klettern und zu kämpfen, zu kritisieren und zu konkurrieren. Alles Ausstaffieren unseres kleinen zerbrechlichen Selbst erweist sich von diesem Moment an als große Zeit- und Energieverschwendung. Es ist nicht mehr als Bühnenschmuck, ein kleiner Teil einer bereits unnötigen Verkleidung.[19]

In der Geschichte des Christentums hat man die meiste Zeit den Karren mit den *Anforderungen* für wichtiger gehalten als die Pferdestärken selbst und gedacht, möglichst viele oder möglichst gute Wagen würden irgendwann schon das Pferd hervorbringen. Aber das wird niemals geschehen. *Die «Pferdestärke» ist genau jene Erfahrung der ursprünglichen Einheit mit Gott.* Wenn Sie Gott, die ursprüngliche Quelle, finden, wird das Wasser auf fast natürliche Weise ewig weitersprudeln (Ezechiel 47,1–12, Johannes 7,38). Sobald Sie das wissen, ist das Problem der Minderwertigkeit, Unwürdigkeit oder geringen Selbstachtung in seinen Wurzeln und in seinem Kern gelöst. Dann können Sie Ihre Zeit viel positiver damit verbringen, im «Triumphzug» (2 Korinther 2,14) mitzuziehen, wie Paulus sagt.

Das Pferd erledigt die ganze Arbeit. Ihre Aufgabe sieht anders aus, wenn Sie ruhig und glücklich unterwegs bleiben und nicht in Ihre Rüstung zurückkriechen. Die heilige Teresa von Ávila benutzte fast dieselbe Metapher, als sie beschrieb, dass man entweder damit beschäftigt ist, einen Kanal zu graben – oder man findet die Quelle und lässt das Wasser einfach auf sich zu und in sich hineinfließen. Ihre gesamte mystische Theologie beruht darauf, diesen inneren Strom zu finden und seine Zeit nicht mit Kanalarbeiten zu vergeuden.

Die Seele, unsere angeborene Identität

Aus guten Gründen bin ich davon überzeugt, dass das, was fast alle Weltreligionen und Philosophien als *Seele* bezeichnen, nichts anderes ist als unsere angeborene Identität. Wir haben viele verschiedene Definitionen für die *Seele,* was die Klugheit des ursprünglich griechischen Wortes *Psyche* (Seele) offenbart: *Psyche* bedeutet wörtlich «Schmetterling»! Die Seele und das Wahre Selbst sind seit je schwer zu fassen. Sie flattern davon und entziehen sich unserem Zugriff wie Schmetterlinge. Unsere Unfähigkeit, das Wahre Selbst zu sehen, ähnelt ganz deutlich unserer Unfähigkeit, Luft zu sehen, die überall und nirgends ist. Deshalb besteht die Geheimformel fast aller reifen Religion darin, eine positive Achtsamkeit zu entwickeln.[20] Alles, was auf Ideologie, Zorn oder Angst beruht, verstärkt nur das falsche Selbst. Das Ego hat immer seine eigenen Pläne. Die Seele hat keine Pläne, außer zu sehen, was ist – *und wie es ist* –, und daraus zu lernen. Wie ein Schmetterling lässt sie sich nieder, kostet und fliegt weiter.

Lassen Sie mich versuchen, diesen Schmetterling unserer Seele in seiner Essenz einzufangen: *Ihre Seele, das sind Sie in Gott und Gott in Ihnen.* Sie können Ihre Seele niemals verlieren, Sie können nur daran scheitern, sie zu erkennen, was tatsächlich der größte Verlust überhaupt ist: sie zu haben und doch nicht zu haben (Matthäus 16,26). Ihre Essenz, Ihre genaue «Diesheit», wird niemals wieder erscheinen, in keiner Inkarnation. Wie Oscar Wilde sagte: «Sei du selbst. Alle anderen sind schon vergeben.» Ihr Wahres Selbst und Ihre Seele kommen von dem verborgenen Schöpfer.

Wie Sie vielleicht bemerken, scheine ich das Wahre Selbst mit der Seele gleichzusetzen, und doch unterscheiden sie sich. Auf eine Weise sind sie in dem Sinn austauschbar, dass sie das «Ewige» in Ihnen offenbaren, den Teil von Ihnen, der die Wahrheit kennt. Andererseits ist das Wahre Selbst vermutlich größer als die Seele, *weil es auch Geist und Körper umfasst.* Beide offenbaren uns den unsterblichen Diamanten, den Gott in uns hineingelegt hat, und sie wirken oft als Einheit.

Sie und jedes andere Geschöpf beginnen mit einer göttlichen DNA, einem inneren «Schicksal», einem absoluten Kern, der die Wahrheit über Sie kennt, einer Blaupause, die im Keller Ihres Daseins verborgen ist, einer *Imago Dei,* die darum bittet, zugelassen und erfüllt zu werden, ans Licht kommen zu dürfen. Im Römerbrief heißt es dazu, dass «die Liebe Gottes in unsere Herzen ausgegossen ist durch den Heiligen Geist, der uns gegeben ist» (Römer 5,5).

Ihr Wahres Selbst ist das, was Sie ausmacht! Ihr Wahres Selbst ist wie die Gegenwart der Auferstehung, die kommt und mit Ihnen geht, zu welchem Emmaus auch immer Sie gerade unterwegs sind (Lukas 24,15). Es ist das Christusmysterium, das erscheint und uns hier und da auf unserer Reise ergreift, bis wir endlich «in ihm bleiben» (Johannes 15,4) und den Stein an jener Stelle weihen (Genesis 28,18), damit wir zurückkommen können. Dies ist sicher die weiteste Bedeutung der Sabbatruhe.

Ihr Wahres Selbst hat sich schon bei Ihnen gemeldet, sonst hätten Sie dieses Buch bereits längst beiseitegelegt. Sonst würde Ihnen alles, was ich sage, wie unmögliches Fantasiegerede vorkommen. Wie es im ersten Johannesbrief so schön heißt: «Ich schreibe euch nicht, dass ihr die Wahrheit nicht wisst, sondern dass ihr sie wisst und dass keine Lüge aus der Wahrheit stammt» (1 Johannes 2,21). Sie wissen sie tatsächlich schon.

Johannes Duns Scotus (1265–1308), der franziskanische Philosoph, den ich vier Jahre lang studiert habe, nannte jede Seele eine einzigartige «Diesheit» und behauptete, sie sei in ihrer ganzen Einzigartigkeit in jedem einzelnen Schöpfungsakt zu finden. Seiner Meinung nach erschuf Gott keine Universalien, Geschlechter und Gattungen oder irgendetwas, das immer wieder zur Welt kommen musste, um es endlich richtig zu machen (Re-Inkarnation), sondern nur spezifische, einzigartige Inkarnationen des ewigen Geheimnisses – jedes für sich auserwählt, geliebt und am Leben gehalten, indem es es selbst sei. Und darin besteht die Herrlichkeit Gottes! Wie so häufig sagt es Gerard Manley Hopkins, ein Dichter, der von Johannes Duns Scotus sehr stark beeinflusst ist, am allerbesten:

So tut jegliches sterbliche Ding ein Ding nur und das gleiche:
Teilt aus das Sein, das in einem jeden wohnt;
Selbstet – wird es selbst; «ich selbst» so spricht es, spricht sich vor,
Rufend: «Was ich tue, das bin ich, hierzu kam ich her».»[21]

Der Große Zulasser

In dieser Hinsicht ist Gott der Große Zulasser, trotz aller Versuche von Ego, Kultur und Religion, ihn davon abzuhalten. Zeigen Sie mir eine Stelle, an der Gott etwas nicht zulässt. Er lässt es zu, dass Frauen vergewaltigt werden und dabei Kinder empfangen, er lässt Tyrannen siegen, er lässt mich immer wieder dieselben Fehler machen. Er setzt seine eigenen Gebote nicht durch! Gottes absolutes Zulassen ist tatsächlich die größte Klage der Menschheit. Die Konservativen wünschen sich so sehr, Gott möge die Sünder zerschmettern, dass sie jede Naturkatastrophe als Beweis dafür heranziehen, er täte es doch. Außerdem sind sie selbst groß im Zerschmettern. Die Liberalen lehnen Gott ab, weil er Völkermord und Folter zulässt und nicht in ihre scheinbare Logik passt. Wenn wir ehrlich sind, ist Gott für die meisten von uns ein Grund zur Empörung und eine herbe Enttäuschung. Wir hätten lieber einen dominierenden, herrschenden Gott als einen Gott, der so viel zulässt, und die meisten offiziellen Gebete zeigen das ganz deutlich.

Aber Gott und das Wahre Selbst müssen nur ganz sie selbst sein und großzügig sich offenbaren, dann ist ihre Hauptaufgabe erfüllt. Die Quelle verströmt sich immer durch diejenigen und auf diejenigen zu, die das wollen. Ich würde sogar so weit gehen, Gott als das «Tiefe Zulassen» zu definieren, bis hin zur skandalösen «Zusammenarbeit mit dem Bösen»: bei Naturkatastrophen und unseren eigenen Übeln. Es ist ein dunkles, gefährliches Risiko, sich von einer solchen göttlichen Ganzheit ergreifen und halten zu lassen, aber genau das meinen wir mit «Erlösung». Wir lassen es zu, dass der Große Zulasser uns zulässt, selbst in unseren schlimmsten Momenten. Wir lernen Schritt für Schritt teilzuhaben an der göttlichen Freiheit und müssen Gott vergeben, dass er viel zu großzügig ist. Das ist nicht nur eine «liberale» Idee von mir, Jesus sagt es auch (Matthäus 20,15). Aber aus irgendeinem Grund können wir es nicht hören.

Sobald Ihre Seele «zu ihrem Wahren Selbst kommt», kann sie wunderbar loslassen und fast alles werden, nur nicht egoistisch und abgetrennt. Sie kann auch nichts sein, was Sie brauchen oder was andere gern hätten. Die Seele ist ein Naturtalent in Sachen Loslassen und Unabhängigkeit. Sie klammert und krallt nicht. Sie hat ihren Zweck schon erfüllt, indem sie einfach ist, sie muss nicht irgendetwas Besonderes tun. Sie kann wagemutig und risikobereit mit Paulus sagen: «Alles ist mir erlaubt, aber nicht alles nützt mir! Alles ist mir erlaubt, aber ich werde mich von nichts beherrschen lassen»

(1 Korinther 6,12). Endlich sind wir ein menschliches Wesen, ein menschliches Sein geworden, nicht nur ein menschliches Tun. Und genau das üben wir, wenn wir still im Gebet sitzen: Wir üben, das Sein über das Tun zu stellen, und das führt nach einer Weile zu einem radikalen Umbau unserer inneren Hardware. Seelenvolle Menschen sind zwangsläufig demütig und ehrlich sich selbst gegenüber, gleichzeitig aber ziemlich risikofreudig. Sie kennen die Regeln und wissen, wie man sie richtig bricht. Das Wahre Selbst baut keine Fassaden auf und heuchelt nicht. Wie Augustinus gesagt hat: Die erlöste Seele liebt Gott und tut, was sie will – und das ist schwieriger, als es klingt. Letzten Endes läuft es auf Folgendes hinaus: Die Seele und das Wahre Selbst wissen, dass es in Ihrem Leben nicht um Sie geht, sondern dass es bei Ihnen um das Leben geht![22] Das Wahre Selbst ist etwas ganz Besonderes und gleichzeitig gar nichts Besonderes. Es besitzt alles im Allgemeinen und braucht deshalb nichts im Besonderen, wie mein Vater, der heilige Franziskus, wohl sagen würde.

Die meisten Menschen sind so verzaubert von ihrem Falschen (selbstgestrickten) Selbst, dass sie das Wahre Selbst weitgehend bestreiten oder ablehnen – oder nie kennengelernt haben. Deshalb leben sie in Angst und Ungewissheit. Wir haben so viel Zeit in den Aufbau des Falschen Selbst gesteckt, dass wir uns gar nicht vorstellen können, es könnte nicht wahr sein – oder es könnte nicht «ich» sein. Selbst viele Gläubige verbringen einen Großteil ihres Lebens damit, ein sehr «christliches» Falsches Selbst herzustellen und zu pflegen, rühren aber den Kern, das Wahre Selbst, überhaupt nicht an und legen es auch nicht frei (Epheser 4,24). Dabei geht es weitgehend um ein Spiel, in dem das Ego etwas vorspiegelt, und auf die Dauer wird das nicht funktionieren. Nur das Falsche Selbst will der rechtgläubigste Katholik in Philadelphia sein oder der beste Republikaner in Alabama oder muss unbedingt seine Heterosexualität beweisen. Das Wahre Selbst weiß mit unserer lieben Mutter Maria nur eins: «Großes hat an mir getan der Allmächtige, und sein Name ist heilig» (Lukas 1,48).

So sind wir eine zerbrechliche, zerbrochene Gesellschaft geworden, obwohl wir auf so vielen anderen Ebenen so entwickelt und zivilisiert sind. Wir alle bitten darum, von den anderen wahr- und ernst genommen zu werden, wir alle hoffen auf unsere «fünfzehn Minuten des Ruhms» (Andy Warhol). Dabei nehmen wir uns, solange wir das alles noch brauchen, ironischerweise selbst nicht ernst und lassen nicht zu, dass Gott uns ernst nimmt. Die meisten politischen und kulturellen Moden wechseln täglich mit dem Wind, dem politischen Tagesgeschäft, den Schlagzeilen und Nachrichtensendungen, die fünfzehn Minuten mit «aktuellen Meldungen» füllen müssen. In einer Welt des Falschen Selbst gibt es nichts anderes als Mode und Show, und seltsamerweise machen sich die Leute die Mühe, das alles zu glauben und zu kaufen. Wir sind tatsächlich Sklaven der Madison Avenue und der «Mad Men».[23] Kein Wunder, dass die aufrichtigen Buddhisten es «Leere» nennen.

Diese Welt des Falschen Selbst ist traurig und zerbrechlich, dabei ist die Antwort, nach der wir suchen, schon hier, in jedem von uns: eine fertige Antwort, keine Mode, sondern eine Tatsache. Unser Wahres Selbst weiß, dass wir nirgendwo hingehen müssen. Wir sind schon zu Hause, frei und erfüllt. Das ist der Kern der «Guten Nachricht». Was wäre denn sonst eine «große Freude, die *dem ganzen* Volk zuteilwerden soll», wie sie die Engel den Hirten in Betlehem verkündet haben (Lukas 2,10)? Aber es scheint, als hätten wir weiterhin lieber eine Welt der Sieger und Verlierer, auch wenn die meisten darin Verlierer sind. Es scheint, als würden wir uns lieber als

Verlierer sehen, als dem Großen Zulasser zu gestatten, dass er ein Universum erschafft, in dem es nur Sieger gibt.

Die geräumige Seele

Es gibt etwas in Ihnen, das vom Kommen und Gehen, vom Auf und Ab, vom Für und Wider und von dem lautstarken Streit der Teams des ganz und gar Richtigen und des ganz und gar Falschen nicht berührt wird. Es gibt etwas in Ihnen, das sehr geduldig ist, das Gut und Böse gleichermaßen zum Vorschein kommen lässt, genau wie Gott. Es gibt etwas in Ihnen, das nicht vorschnell urteilt. Es steht wachsam und geduldig in der tragischen Kluft, die sich in fast jedem Augenblick auftut. Es ist ein Flussbett der Barmherzigkeit. Es ist riesengroß, still und ruhig und hat viele Ressourcen. Es ist fähig, zu empfangen und alles Kommen und Gehen loszulassen. Es ist die *Bewusstheit selbst*, nicht nur «Denken». Es weigert sich, in das Gezerre von Gedanken und Gefühlen hineingezogen zu werden, die die Kämpfe unseres Lebens ausmachen, bis es vorüber und für immer vorbei ist. Wenn wir von Kontemplation sprechen, meinen wir den Blick aus dieser unberührbaren Stille. In ihrem Buch *Die innere Burg* sagt die heilige Teresa von Ávila: «Die Seele ist geräumig, üppig, und ihre Bandbreite ist kaum zu überschätzen ... die Sonne scheint in jeden Winkel ... und nichts kann ihre Schönheit verringern.»[24] Da ist von Ihrer Seele die Rede! Von Gott in Ihnen. Von Ihrem Wahren Selbst.

Und wissen Sie was? Ihre Seele ist viel größer als Sie! Sie dürfen nur ein Weilchen mitfahren. Wenn Sie lernen, dort zu leben, leben Sie mit allen und allem. Eine ausgrenzende, überhebliche Sprache ergibt keinen Sinn mehr. In Ihrem Wahren

Selbst wissen Sie, dass Sie nicht allein sind, dass Sie ganz und gar zu Gott und zum Universum gehören (1 Korinther 3,23). Sie müssen sich nicht mehr abmühen, um sich wichtig zu fühlen. Sie *sind* von innen her wichtig, und es ist Ihnen schon alles «geschehen» (Lukas 1,38), wie es bei Maria der Fall war, die sich über Würdigkeit *oder* Unwürdigkeit keine Gedanken mehr machte. Und wenn Gott Sie so großzügig und gnädig hier und jetzt in seine Welt aufnimmt, warum sollte er es sich in der nächsten Welt anders überlegen? Daraus ergibt sich ein erstes starkes Gefühl von der einen ewigen Liebe, das Ihnen Ihre Urangst vor dem Tod nimmt. Das ist gut so.

Wie Jesaja so poetisch zu Israel sagte: «Wo ist denn der Scheidebrief eurer Mutter, mit dem ich sie entlassen hätte? Wer ist mein Gläubiger, an den ich euch verkauft hätte? … Ist denn meine Hand zu kurz, um zu erlösen …?» (Jesaja 50,1–2). Oder hat Jesus nach der Auferstehung sein bisheriges Verhalten geändert, ist seine Liebe auf einmal exklusiv und von Bedingungen diktiert, wie sie es zu Lebzeiten niemals war? Tatsächlich wurden sein Atem, der vollkommene Schalom und die göttliche Vergebung mit seiner Auferstehung ein und dasselbe (Johannes 20,22) und verströmten sich bedingungslos an genau jene Leute, die ihn eben erst ganz und gar enttäuscht hatten und sich hinter verschlossenen Türen versteckten. Die Gemeinschaft der Heiligen *ist* die Gemeinschaft der Sünder.

Ihr Wahres Selbst erschaffen Sie nicht, Sie verdienen oder erarbeiten es auch nicht durch irgendein moralisches oder rituelles Verhalten. Es ist ein für alle Mal Gnade, für uns alle und für alle Zeit, ohne Ausnahme. Sie steigen nicht zu Ihrem Wahren Selbst auf. Sie fallen hinein, weshalb ich Ihnen dazu rate, das Fallen nicht ganz zu vermeiden. Und dort, ironischer- und glücklicherweise, werden Sie dann endlich gefunden, und Ihr kleines Falsches Selbst ist nur noch eine enttäuschende Erinnerung. Von ihrem ersten Atemzug an, der dem heiligen Namen JHWH entspricht, haben alle Menschen Zugang zu ihrem Wahren Selbst. Wir atmen Gott ein und aus, viel mehr, als wir ihn «kennen», verstehen oder auch nur mit ihm sprechen.[25]

Gott verschwendet unsere Lebenszeit nicht, und er ist auch nicht unwirksam, untreu oder versagt an dem, was er erschaffen hat. «Wenn wir untreu werden, bleibt er doch treu, denn er kann *sich selbst* nicht verleugnen» (2 Timotheus 2,13). Dionysius Areopagita, ein Mystiker aus dem 6. Jahrhundert, hat gesagt: Wir machen uns auf den spirituellen Weg und denken, wir ziehen an einer Kette, die am Himmel befestigt ist. Und unterwegs stellen wir fest, dass die Kette vielmehr uns zieht, hinauf in das verführerische Strahlen.[26] Wir machen uns alle auf den Weg, um unseren eigenen, handgeschliffenen Diamanten zu suchen, aber die erfahrenen Pilger wissen, dass der unsterbliche Diamant von einem anderen gemacht wurde und dass er uns selbst in sein – und unser – einzigartiges Strahlen hineinzieht.

Zweites Kapitel

Was ist das «Falsche Selbst»?

> An diesem Ort der Fülle, den ich gefunden habe, kann
> ich nichts mehr verlieren.
>
> *Katharina von Siena*

Ich beginne dieses Kapitel mit einem sehr positiven Zitat, um das Falsche Selbst richtig zu beschreiben, ohne die üblichen Anklänge des Wortes «falsch». Ihr Falsches Selbst ist nicht das schlechte Selbst, das schlaue, von Grund auf verräterische Selbst oder das Selbst, das Gott nicht mag oder das Sie nicht mögen sollten. Tatsächlich ist Ihr Falsches Selbst ziemlich gut und notwendig, so weit es eben reicht. Es reicht nur nicht weit genug, obwohl es oft so tut und auf diese Weise zu einem Ersatz für das Echte wird. Das ist das einzige Problem, und deshalb nennen wir es «falsch». Das Falsche Selbst ist eher unecht als schlecht, und es ist auch nur dann unecht, wenn es mehr vorgibt, als es wirklich ist. Manche Arten von Falschem Selbst sind notwendig, um uns auf den Weg zu bringen; sie erweisen sich erst dann als schwach, wenn wir zu lange daran festhalten. Wenn wir wachsen, sterben sie an der Bloßstellung.

Ihr Falsches Selbst – wir könnten auch «kleines Selbst» sagen – ist Ihr Ausgangspunkt: Körperbild, Beruf, Bildung, Kleider, Geld, Auto, sexuelle Identität, Erfolg und so weiter. All dies sind Ego-Fallen, die wir benutzen, um unseren Alltag zu bestehen. Sie sind als Standort ganz okay, aber letztlich doch nur Projektionen unseres Selbstbildes und unserer Abhängigkeit von diesem Bild. Wenn Sie in der Lage sind, über das Falsche Selbst hinauszugehen – zur richtigen Zeit und auf die richtige Weise –, *dann werden Sie nicht das Gefühl haben, etwas zu verlieren.* Wenn Sie mit dem Ganzen verbunden sind, müssen Sie nicht mehr schützen und verteidigen, was bloß ein kleiner Teil ist. Dann sind Sie in Verbindung mit etwas, das unerschöpflich ist.

Wenn Sie Ihr Falsches Selbst aber *nicht* zur richtigen Zeit und auf die richtige Weise loslassen, dann bleiben Sie stecken, in sich selbst gefangen und abhängig. (Das traditionelle Wort dafür ist «Sünde».) Und Reife zählt nicht unbedingt nach Lebensjahren. Einige spirituell frühreife Kinder, oft Kinder mit einer Behinderung oder einer sonstigen Einschränkung, durchschauen das Falsche Selbst recht früh. Einige alte Männer und Frauen dagegen spielen in meinem Alter (wenn die deutsche Ausgabe dieses Buchs erscheint, bin ich 70 Jahre alt) immer noch damit herum. Wenn Ihnen am Ende Ihres Lebens nur Ihr falsches Selbst bleibt, dann wird es nicht viel geben, was Sie in die Ewigkeit mitnehmen können. Es ist vergänglich. Diese Verkleidungen sind «Zufälle» und entspringen zum großen Teil Ihrem mentalen Ego. Ihr Falsches Selbst verändert sich, vergeht und stirbt mit Ihnen. Nur Ihr Wahres Selbst kennt das ewige Leben.

Es gibt vier hauptsächliche Spaltungen von der Wirklichkeit, die wir alle in verschiedenem Maße vollzogen haben, um unser mentales Ego und unser Falsches Selbst zu erschaffen:

▶ Wir spalten uns von unserem Schatten ab und zeigen ein idealisiertes Selbst.

▶ Wir spalten unsere Gedanken von Körper und Seele ab und leben nur noch in Gedanken.

▶ Wir spalten Leben und Tod voneinander ab und versuchen, ohne Tod zu leben.

▶ Wir spalten uns von anderen ab und versuchen, allein, überlegen und abgetrennt zu leben.

Jede dieser vier Illusionen muss und wird überwunden werden, entweder in dieser Welt, in unseren letzten Tagen und Stunden oder in der nächsten Welt. (Das meinten die Katholiken wohl ursprünglich mit «Fegefeuer»: die letzte Chance, es doch noch hinzukriegen.) Jede dieser Abspaltungen von der Wirklichkeit macht eine Erfahrung Gottes oder unseres Wahren Selbst weitgehend unmöglich. Spiritualität ist schlicht und einfach die Überwindung dieser vier Abspaltungen, und davon handelt dieses Buch.

Die Entdeckung des Falschen Selbst: Therapie vs. geistliche Begleitung

Wer erzählt uns heute etwas über das Falsche Selbst? Wer hat die richtige Ausstattung dafür? Viele Geistliche kommen selbst nicht damit zurecht, denn auch ihr Dienst kann auf einer Karriereentscheidung oder auf der Anziehungskraft von «Religion» beruhen statt auf einer Gottesbegegnung. Dann bleibt das Falsche Selbst in Kraft, vor allem wenn es jede Menge sozialer Belohnungen gibt: Respekt, Titel, Gehälter oder schöne Kleidung. Es ist kein Zufall, dass die religiösen Pharisäer in der Geschichte Jesu zu den sprichwörtlichen «bösen Buben» werden. Die meisten westlichen Therapien wissen auch nichts vom Wahren Selbst, sondern nur von den vielen Ebenen des Falschen Selbst, wie es sich für die Psychologie gehört. Ein guter Therapeut wird Ihnen normalerweise gute Mechanismen anbieten, mit Ihrem Falschen Selbst zurechtzukommen, sodass Sie auf der oberflächlichen Cocktailparty etwas geselliger werden und Freunde finden. Eine unreife Therapie fördert bei Frauen vielleicht die Ko-Abhängigkeit und die Anpassung an einen ungesunden Ehemann, um der Kinder willen. Solche Therapien können gar nicht anders, als Ihnen beizubringen, wie Sie überleben und sich anpassen. Mein lieber Freund Gerald May pflegte zu sagen, in seinem eigenen Gebiet, der Psychiatrie, gehe es oft genug nur darum, den Menschen zu helfen, besser zurechtzukommen und sich durchzuwursteln. Mehr nicht. Ich sage das nicht gern, aber viele Beratungen helfen Ihnen nur bei der Anpassung an eine oft kranke und unreife Welt oder Kirche und sehen sich sogar gezwungen, in diesem Zusammenhang von «Gesundheit» zu sprechen. *Es gibt einen sehr bequemen Vertrag zwischen dem persönlichen Ego und der ganzen Ego-Kultur.* Wir sprechen darüber nicht mit anderen und finden es sehr angenehm, uns nicht gegenseitig mit der Wahrheit zu belästigen. In den meisten Systemen geht es um ein Spiel gegenseitiger und falscher Schmeichelei (1 Johannes 2,15–17). Und allzu oft ziehen wir oberflächliches Lob einem echten Wachstum vor.

Eine gute Therapie verhilft Ihnen zu Strategien, wie Sie in einer Welt überleben, die voll von Erscheinungsformen des Falschen ist, also in der öffentlichen Welt von Wirtschaft, Politik, Unterhaltung und Leistungssport. Das soll nicht negativ oder unfreundlich klingen – Therapie muss in der Welt arbeiten, die so ist, wie sie ist, was denn sonst? Sie weiß nichts vom Ganzen, vom Dauerhaften, Heiligen, von der Wirklichkeit. Sie kann nicht einmal von «Gott, wie wir ihn verstehen», sprechen, wie es die Anonymen Alkoholiker tun. Die Psychologie (abgesehen von einigen Formen transpersonaler Psychologie und Tiefenpsychologie, die mit Archetypen arbeitet) hat aus sich heraus keinen Zugang zu irgendetwas anderem als dem Falschen Selbst, seinen Illusionen und der ihm innewohnenden Zerbrechlichkeit. Sie versucht also nur, die Sache hier und jetzt am Laufen zu halten. Große Meister wie Buddha richten einen mutigen Blick auf das Falsche Selbst und nennen es geradeheraus «Leere» und das Wahre Selbst «Erleuchtung». Das Wissen um Ihr Wahres Selbst stellt Ihr Leben allmählich in einen großen und immer größeren Rahmen. Dann kann der Kleinkram Sie auf lange Sicht nicht mehr verletzen oder definieren.

Therapie aus sich heraus ist nicht in der Lage, den Kleinkram in Frage zu stellen: höhere Bezahlung, mehr Urlaubstage, Missachtung, Beleidigungen und so weiter. Das ist die Aufgabe der Religion, der letztgültigen Klärungsstelle. Und deshalb ist geistliche Begleitung etwas anderes als therapeutische Beratung. Man kann mit beidem arbeiten, das tue ich auch. Eine gute geistliche Begleitung wird Ihre Therapie in hohem Maße vereinfachen und klären, und eine gute Therapie wird jede geistliche Begleitung mit Ehrlichkeit und dem notwendigen Schattenboxen erden. Eine gute Therapie erlaubt es Ihnen, mit größerer Gelassenheit und Wirksamkeit Ihren Alltag zu bewältigen, weil Sie dort lernen, Ihre menschlichen Aufgaben gut und mit persönlicher Befriedigung zu erledigen. Echte geistliche Begleitung jedoch kann Ihre menschlichen Aufgaben mit Ihren göttlichen Aufgaben verbinden, ohne die menschlichen Aufgaben zu vernachlässigen.

Hospizmitarbeiter und -mitarbeiterinnen, die viele Menschen im Sterben begleitet haben, können Ihnen darüber viel mehr sagen als ich. Sie beginnen oft als Therapeuten und enden zwangsläufig als geistliche Begleiter, einfach weil sie die Wandlung vom Falschen zum Wahren Selbst im Sterbeprozess miterleben. Kathleen Dowling Singh geht so weit, zu sagen, dass am Lebensende *«Leben und Tod eines Menschen außerordentlich genau darauf eingestellt sind, automatisch eine Vereinigung mit dem Geist hervorzubringen».*[27]

Therapeuten beschäftigen sich weitgehend mit dem psychologischen Ich, weil sie von ihren fachlichen Grundlagen her das ontologische/metaphysische/theologische Selbst gar nicht erreichen können. Die Daseinsebenen sind dafür zu unterschiedlich. Ein guter Berater hilft uns in unserer relativen Identität als Sohn, Tochter, Elternteil, Ehepartner, Homosexueller, Angestellter und so weiter, weil es für unsere absolute Identität in professionellen therapeutischen Kreisen keine anerkannte Redeweise gibt. Sie können es nicht riskieren, von Gott zu sprechen, weil diese Redeweise durch Jahrhunderte eines wenig hilfreichen Gebrauchs so billig geworden ist. Viele religiöse Menschen sprechen zu glatt, zu schnell und sehr naiv von Gott. Und jede religiöse Konfession hat ihr eigenes Vokabular, ihre Fallstricke und gemeinsam benutzten Klischees. Deshalb misstraut die professionelle Welt der Psychologie der Religion und schreckt vor jeder Bezugnahme auf Transzendenz, Transpersonalität oder auch nur eine höhere Macht zurück. Jedes Reden von Gott ist im Bereich der Psychologie riskant und peinlich, und die Angst besteht zu Recht. Aber ich muss dabei nicht mitmachen, und oft finde ich, dass ich den besten Job der Welt habe, weil ich versuchen kann, alles zusammenzupacken.

Auf eine Weise verschiebt ein Großteil der Therapie das Grundproblem von Ego und Existenz lediglich aufs Sterbebett. Wie Stephen Levine in seiner klassischen Untersuchung *Wege durch den Tod (Who dies?)* sagte: «Wenn Sie eine Liste von allem machen, was Sie besitzen, von allem, was zu Ihnen gehört, was Sie bevorzugen, dann würde diese Liste die Entfernung zwischen Ihnen und der lebendigen Wahrheit markieren.»[28] Für mich ist die lebendige Wahrheit das Wahre

Selbst. Hier liegt auch der Grund, warum der brillante Jungianer James Hillman so eindringlich fragen konnte, weshalb wir nach einhundert Jahren Psychotherapie nicht erheblich gesünder sind.[29] Die traurige Wahrheit dahinter ist nur eine ehrliche Feststellung der jedem System – außer dem größten – innewohnenden Beschränkungen.

Eine gesunde Religion sollte so viel wie möglich einschließen, sollte alles benutzen, jeden Weg und jeden Ausgangspunkt. Persönliche Therapie mit bezahlten Sitzungen ist großartig, schafft aber oft Ko-Abhängigkeiten und selbstgemachte Probleme, für die sie selbstgemachte Lösungen anbietet. Und genau wie der Geistliche und der Arzt muss auch ein Psychotherapeut irgendwann sagen: «Bis nächste Woche.» Sie alle sind viel weniger als der geistliche Begleiter oder der Alternativmediziner in der Lage zu sagen: «Sie fangen an der falschen Stelle an» oder: «Sie stecken in einem falschen Lebensrahmen» oder: «Wenn Sie es erst mal begriffen haben, brauchen Sie mich nicht mehr.»

Jesus «kurierte» Leute nicht einfach von ihren rein medizinischen oder körperlichen Leiden, er «heilte» sie und schickte sie auf einen neuen Weg oder zurück in die Gesellschaft. Mit anderen Worten, er sorgte nicht nur für eine neue Software, sondern setzte ihnen einen neuen Prozessor ein. Wie alle echten spirituellen Lehrer bot er den Menschen nicht einfach hilfreiche Veränderungen in ihrem Leben an, sondern er *veränderte sie selbst*. Echte Heilung sagt: «Um dir zu zeigen, dass dir auch vergeben wird und dass du eigentlich diese Vergebung willst und brauchst, steh auf, nimm deine Matte und geh heim.» Handle nach der Wahrheit, erst dann wird sie zu deiner eigenen Wahrheit (vgl. Matthäus 9,6). Die wirkliche Heilung des Gelähmten bestand in dem Mut, so zu tun, als ob. Und dann stiegen sein Geist und sein Körper darauf ein.

Diese vollkommene Neuausrichtung des Selbst wird in den Evangelien oft als neues Selbstbewusstsein, neue Beziehungsfähigkeit, neue Freude, Vergebung des alten Selbst porträtiert – und sie alle werden erkennbar anhand der körperlichen Heilung. Wobei ich die körperliche Heilung nicht in Zweifel ziehe, ich habe sie oft erlebt, einmal am eigenen Leibe. Die Bibel verfügt nicht über die ganze abstrakte psychospirituelle, kulturelle und beziehungsorientierte Sprache, die wir heute haben. Die Autoren der Bibel sahen nur körperliche Menschen, die mit ihrem Leben nicht zurechtkamen – und die es dann doch schafften. Sie wussten, dass etwas in Geist und Seele dieser Menschen passiert sein musste, nicht nur im Körper. Wir verstehen heute, dass sie recht damit hatten, weil wir etwas von psychosomatischen Krankheiten wissen. Körper, Geist und Seele sind eine Einheit.

Weiteres Umkreisen

Ihr Falsches Selbst ist das, wofür Sie sich halten. Aber Ihr Denken macht es noch nicht wahr. Ihr Falsches Selbst ist fast vollständig ein gesellschaftliches Konstrukt, mit dem Sie sich auf den Weg gemacht haben. Es besteht aus einer Reihe von Abmachungen zwischen Ihrer Kindheit und Ihren Eltern, Ihrer Familie, Ihren Nachbarn, Ihren Schulkameraden, Ihrem (Ehe-)Partner und Ihrer Religion. Es ist Ihr «Behältnis» für das abgetrennte Selbst.[30] Jesus würde von einem Weinschlauch sprechen, von dem er ausdrücklich sagt, dass er neuem Wein normalerweise nicht standhält (Markus 2,21–22). Ihr Ego-Behältnis möchte geschlossen bleiben und hasst jede Art von Veränderung.

Ihr Falsches Selbst ist Ihre Definition der Außenseite von Liebe, Beziehung oder Einheit mit Gott. Nachdem Sie viele Jahre damit zugebracht haben, fleißig an diesem abgetrennten Selbst zu bauen, mit all seinen Werbeslogans und Besessenheiten, hängen Sie natürlich sehr daran. Alles andere wäre auch seltsam – schließlich kennen Sie es, und Sie kennen nichts anderes. Wenn Sie sich darüber hinausbewegen sollen, fühlt sich das zwangsläufig an wie Sterben. Vielleicht ist Ihnen schon aufgefallen, dass die großen Meister wie Jesus und Buddha, der heilige Franziskus, sämtliche Teresas (die von Ávila, Lisieux und Kalkutta), Hafis, Kabir und Rumi allesamt wesentlich mehr vom Sterben reden, als wir es gern hätten. Sie alle wissen: Wenn wir die Kunst des Sterbens und Loslassens nicht früh erlernen, werden wir viel zu lange an unserem Falschen Selbst festhalten – bis es uns umbringt.

Eine Fernsehdokumentation über die Amisch-Gemeinschaft zeigte, wie wenig man allgemein glauben konnte, dass jemand von ihnen einem Mann, der ihre Kinder 2006 ermordet hatte, so von Herzen vergeben konnte, wie die Amischen es offensichtlich taten. Dann begriff der Kommentator, dass die Amischen sehr viel Übung darin haben, loszulassen und das Selbst sterben zu lassen. Sie wissen, dass sie mit einer viel größeren göttlichen Wirklichkeit verbunden sind und daran teilhaben, was uns anderen ausgesprochen naiv erscheint. Aber sie sind viel mehr als die meisten von uns in der Lage, loszulassen. Mag sein, dass diese einfachen Menschen in mancher Hinsicht, verglichen mit anderen, eine sehr beschränkte und einschränkende Sicht auf die Welt haben, aber in Bezug auf die Frage, was echt und was vergänglich ist, sind sie Experten und ganz vorne dran. Das erklärt vielleicht auch ihren Frieden, ihr offensichtliches Glück und ihre Zufriedenheit, die die meisten von uns so nicht besitzen.

Ich würde dasselbe von den Schwestern der Mutter Teresa sagen, mit denen ich kurz nach Teresas Tod ein paar Wochen in deren Mutterhaus in Kalkutta zusammenleben durfte. Sowohl die Amischen als auch die Missionarinnen der Nächstenliebe konzentrieren sich so sehr auf das Wahre Selbst in Gott, dass sie das Falsche Selbst beinahe verachten. Sie sind strahlende Zeugen eines radikalen Lebens im Wahren Selbst mitten in einer weitgehend vom Falschen Selbst geprägten Welt. Das zu symbolisieren waren Mönche, Nonnen und andere Ordensleute bestimmt. Genau das tun auch Sie, wenn Sie schweigend dasitzen, ohne etwas zu «machen» oder zu «tun». (Ich nenne es das «kontemplative Sitzen» und praktiziere es mindestens einmal am Tag, bis das Falsche Selbst sich als flüchtig und vergänglich erweist und ich wieder «angeschlossen» bin.)

Der Trappistenmönch Thomas Merton hat den Begriff «Falsches Selbst» als Erster vorgeschlagen. Er wollte damit vielen Christen die Bedeutung der zentralen und oft wiederholten Lehre Jesu nahebringen, dass wir für uns selbst sterben müssen, dass wir «uns verlieren müssen, um uns zu finden». Dieser Satz hat in der Geschichte des Christentums viel Aufruhr und Zurückweisung erfahren, weil er negativ und asketisch klingt. Und tatsächlich wurde er häufig als Anweisung verstanden, den eigenen Körper zu bestrafen. Dabei geht es dabei um persönliche Befreiung und nicht um Selbstbestrafung. Jahrhundertelang haben Christen fälschlicherweise angenommen, sie könnten ihren Körper sterben lassen, und dann würde ihr Geist sich aus irgendeinem Grund auf wunderbare Weise erheben.

Abgesehen von der allgemeinen platonischen Ablehnung des Körpers in den meisten Religionen war hier auch Paulus' höchst unglückliche Wahl des Wortes «Fleisch» als Erzfeind des «Geistes» im Spiel (so zum Beispiel Galater 5,16–24). Heute würden wir vermutlich vom Ego oder vom «kleinen Selbst» sprechen und damit der ursprünglichen Bedeutung viel näher kommen. Bedenken Sie, dass das Christentum die Religion ist, in der man glaubt, dass das Wort Fleisch wurde (Johannes 1,13) und dass Jesus sogar leiblich auferstanden ist (Lukas 24,40). Für uns kann das Fleisch gar nichts Schlechtes sein. Wenn etwas in irgendeiner Weise gegen den Körper gerichtet daherkommt, ist es niemals echtes Christentum. Merton hat richtig erkannt, dass nicht der Körper sterben muss, sondern das Falsche Selbst, das wir ohnehin nicht brauchen. Es wird zu einem allzu einfachen Ersatz für unsere tiefere und tiefste Wahrheit.

Ablenkungsmanöver

Indem der Tod des Falschen Selbst missverstanden wurde und indem man versuchte, ihn zu vermeiden, wurde ein Großteil der christlichen Religion stattdessen moralistisch und entwickelte eine falsche Opferfrömmigkeit im Hinblick auf viele nebensächliche Kleinigkeiten. Wir haben wohl gedacht, das würde Jesus eine Freude machen – dabei hat er das alles durchschaut und jede Idealisierung von Opfern und jede falsche Großzügigkeit mit ihrem Schielen auf Rückzahlung abgelehnt. In einem anderen Buch habe ich in diesem Zusammenhang vom «Opfermythos» gesprochen.[31] Jedes «Opfer» führt normalerweise zu einem versteckten Anspruchsdenken und verewigt den Teufelskreis der Verdienste, eine Denkweise, die die meisten von uns glauben lässt, wir würden etwas mehr verdienen als andere, weil wir dies oder jenes gegeben oder getan haben. Ein altes Sprichwort sagt: Alle Erwartungen und Selbstaufopferungen sind nur Verbitterungen in Warte-stellung. Ich glaube, dass Jesus in die Welt gekommen ist, um allen falschen Opferhaltungen ein Ende zu bereiten, und ich glaube, er hat es ein für alle Mal getan (Hebräer 7,27; 10,10–15).

Aber das Ego und die Egokultur haben uns sofort wieder dorthin geführt, vermutlich weil sich das Falsche Selbst mit Recht so unwürdig fühlt, dass es sich durch irgendeine Art von Heldentum oder harte Arbeit ein bisschen Würdigkeit er-kaufen muss. Selbst reiche weiße Männer, die schon als reiche Männer geboren wurden, werden Ihnen irgendwie weisma-chen, wie viel sie «geopfert» hätten, um zu bekommen, was sie jetzt besitzen. Wenn wir opfern, verdienen wir uns damit etwas. Mehr als wir jemals zugeben würden, schafft das Op-fer einen Anspruch, eine Haltung, die besagt: «Du schuldest mir etwas», und ein gut verstecktes Gefühl der Überlegenheit.

Jesus hat es genial ausgedrückt: «Geht und lernt verstehen, was das heißt: Erbarmen will ich und nicht Opfer.» Es scheint eines seiner Lieblingszitate von Hosea gewesen zu sein (Mat-thäus 9,13; 12,7), obwohl es eine riskante und gefährliche Idee war, zumal mitten in einer Religion, die noch auf Tempelab-gaben und Opfern von Tieren und Getreide beruhte. Jesus wusste, dass die meisten Opfervorstellungen an unser Falsches Selbst appellieren und dass das Wahre Selbst sie nicht braucht. Er wusste, dass sie fast immer von den Menschen manipuliert und missbraucht werden, von den meisten Institutionen und von kriegführenden Nationen. Fragen Sie doch einmal Mit-glieder von Al-Anon, der Angehörigenvereinigung der Anony-men Alkoholiker, wohin sie und ihre Familie mit all den Op-fern gekommen sind. Heute spricht man davon, dass das an-gebliche Opfer überhaupt nicht hilft, sondern lediglich dem zerstörerischen Verhalten des Suchtkranken Vorschub leistet.

Ich stimme dem französischen Anthropologen und Philosophen René Girard zu, der sagt, Jesus sei gekommen, um jeglicher Opferreligion ein Ende zu bereiten. Opfer und Askese sind normalerweise Zeichen einer Religion des Falschen Selbst, wie selbst Buddha irgendwann feststellen musste. Jesus wurde kritisiert, weil er nicht so asketisch lebte wie Johannes der Täufer (Markus 2,18), und es ist schon erstaunlich, wie sehr diese Tatsache unserer selektiven Vergesslichkeit anheimgefallen ist. Asketische Praktiken versprechen viel zu viel gesellschaftlichen und individuellen Lohn, und genau aus diesem Grund riet Jesus von jeder öffentlichen Zurschaustellung von Frömmigkeit und Großzügigkeit ab (Matthäus 6,1–4.16–18). «Deine Linke soll nicht wissen, was deine Rechte tut», sagt er. Äußerliche Religion ist immer auch gefährlich.

Ebenso wie Buddha hat Jesus von uns wesentlich mehr Sterben verlangt, als in persönlichem Heldentum und öffentlicher Schau enthalten ist. Beide Lehrer haben auf das letztendlich entscheidende «Verleugnen» des Falschen Selbst hingewiesen, das immer auf einen Tod hinausläuft und das Herzstück jeder spirituellen Reise darstellt.[32] Viele von uns haben in der Kontemplation gelernt, unsere abhängige, zwanghafte und negative Verarbeitung der Realität sterben zu lassen. Dies ist der größte, schwierigste Tod überhaupt, und er hat weder gesellschaftlichen Lohn noch unmittelbare Befriedigung zu bieten. Es gibt keine echte Heilung, sagt Bill Wilson, der Gründer der Anonymen Alkoholiker, ohne eine «emotionale Nüchternheit».[33] *Kontemplation heilt uns von der universellen Abhängigkeit von unserer eigenen bevorzugten Denkweise.* Das ist viel schwieriger als jeder moralische Kampf in einer einzelnen moralischen Angelegenheit.

Die Unterscheidung muss also nicht zwischen Körper und Seele oder Geist getroffen werden, sondern zwischen Falschheit und Wahrheit. Der Körper enthält viel Wahrheit, und

Seele, Verstand und Herz können sich an einige sehr gefährliche Lügen klammern: Arroganz, Ehrgeiz, Stolz, Betrug, Eitelkeit, Hass, Vorurteile und so weiter. Die einzig wichtige Frage lautet: «Ist es wahr oder nicht?» Die Frage nach Körper und Geist ist vollkommen unerheblich. Ich lebe in einer Kirche, die Menschen für bestimmte Sünden des Geistes außerordentlich belohnt und Menschen vor dem Altar für mögliche Fehler des Fleisches schwer bestraft. Jesus hat sich genau umgekehrt verhalten, denn er wusste, dass die «Sünden des Fleisches» in der Regel nicht aus Bosheit begangen werden, sondern aus Schwäche, während «Sünden des Geistes» aus einem kalten Herzen kommen, aus einem überheblichen, abgetrennten Falschen Selbst und letztlich aus einer verleugneten Seele. «Beschneidet eure Herzen und nicht euer Fleisch», lautet die sehr weise und ehrliche Lehre des Judentums (Deuteronomium 10,16; Jeremia 9,26), einer Religion, für die die körperliche Beschneidung der Männer so verpflichtend war wie die Taufe für die Christen. Ich erinnere mich, wie mein Novizenmeister uns 1961 warnend sagte, zu viele Priester und Ordensleute seien «rein wie die Engel, aber stolz wie die Teufel».

Die Vorlieben des Falschen Selbst

Es ist leider wahr, dass die meisten Institutionen und Nationen Sünden des Geistes bewundern und belohnen und dass verschiedene Formen der Arroganz normalerweise zu großem Erfolg führen. Stolz, Ehrgeiz und Eitelkeit sind und bleiben Stolz, Ehrgeiz und Eitelkeit und hören nicht auf, Todsünden zu sein, nur weil sie von einem Papst oder Präsidenten begangen werden. «Geiz ist geil», hieß es in der Werbung, übertriebene Bonuszahlungen werden immer noch heimlich beneidet und imitiert, und auch in der Kirche grassiert das Karrieredenken. (Dies ist nicht nur mein Urteil, sondern einer Stellungnahme des Vatikans für Bischöfe vor ein paar Jahren entnommen.) Sünden des Fleisches jedoch führen zu Schuld und Schande und können immer dazu benutzt werden, jemanden in Kirche, Kultur oder Staat in Misskredit zu bringen. Genau so ist der Begriff «die Welt» im Neuen Testament gemeint. Die «Welt», von der die Bibel spricht, meint die Gesamtheit des Falschen Selbst. «Welt» meint nicht die Schöpfung, die Erde oder die Natur, sondern das, was wir vielleicht als «das System» bezeichnen würden. Diese Begriffsverwirrung hat dazu geführt, dass viele Christen ganz und gar verknallt in das «schmutzige, verkommene System» sind (wie Dorothy Day es nannte) und sich in keiner Weise um die Bewahrung der Schöpfung, um Tierschutz oder den Klimawandel kümmern – wer auch immer ihn verursacht haben mag. Was für eine seltsame, traurige Verdrehung der ursprünglichen Absicht!

«Die Welt» in der Bibel ist ein System wechselseitiger Schmeichelei und ständiger Belohnung des Falschen Selbst. Jesus hat gesagt: «In der Welt seid ihr in Bedrängnis. Aber habt Mut! Ich habe die Welt besiegt» (Johannes 16,33). Er hat die Verführungen und Illusionen des Systems überwunden, indem er in einem vollkommen anderen Bezugsrahmen lebte, im ewigen Reich Gottes. Das Falsche Selbst ist keine Bedrohung und hat keine dauerhafte Anziehungskraft mehr, sobald wir das Wahre Selbst erkennen. Das meinen wir, wenn wir in der Osterzeit auf so viele verschiedene Weisen singen: «Jesus hat den Tod besiegt!» Vielleicht würden die Menschen es besser verstehen, wenn wir sagen würden: «Jesus hat die Lüge offengelegt», denn es gibt natürlich immer noch jede Menge Tod, der nicht besiegt ist. Aber sobald der Schleier der Illusion einmal weggezogen wurde, ist das alles nur noch eine Frage der Zeit. Und Gottes Zeit ist geduldig.

Unser Falsches Selbst lässt nicht leicht los. Aber das heißt nicht, dass es angegriffen oder vernichtet werden müsste. Es wird sich als der falsche Zauber erweisen, der es ist – wenn die Zeit dafür gekommen ist. Wenn Sie direkt darauf losgehen, wird es sich nur noch besser maskieren, so tugendhaft Sie sich dabei auch fühlen mögen. Es ist, wie wenn man in der Fastenzeit keine Süßigkeiten isst. Das kann gut für Ihre Willenskraft, für Ihr Selbstbild und auch für Ihre Taille sein (und das alles ist sicher nicht verkehrt), aber Ihre Seele bleibt davon weitgehend unberührt. Zu viele echte Gläubige haben den Teufel auf wirklich teuflische Weise angegriffen. Aber die Welt ist der hasserfüllten Religionen müde, Gott sei Dank.

Was das Ego (das Falsche Selbst) mehr als alles andere hasst und fürchtet, ist Veränderung. Es wird sich tausend Dinge ausdenken, um die es sich Sorgen machen oder über die es vor sich hin moralisieren kann – alles lieber, als aufzugeben, «wer ich zu sein glaube» und «wer ich sein sollte, um gut auszusehen». Die Suche nach irgendeiner Art von höherer moralischer Ebene – auf die wir geradezu trainiert sind – ist oft eine Methode, den Tod des Falschen Selbst zu vermeiden, und genau deshalb misstraut Jesus diesem Wettbewerb um moralische Errungenschaften so sehr. Das Falsche Selbst wird kleine moralische Siege feiern (wie Leute, die sich über den Gottesdienstbesuch oder über Nichtigkeiten in der Lehre Gedanken machen), nur um den einen großen, notwendigen Sieg (zum Beispiel was die schlechte Bezahlung ihrer Angestellten oder den Betrug an ihrer Ehefrau betrifft) zu vermeiden. Oder, wie Jesus gesagt hat: «Ihr blinden Führer, die ihr Mücken aussiebt, das Kamel aber verschluckt!» (Matthäus 23,24).

Das Ego und auch das große kollektive Ego werden in der

Heiligen Schrift oft als Teufel oder Satan personifiziert. Wie sonst könnte man etwas wie dem Bösen, das man unbedingt ernst nehmen muss, «Wirklichkeit» verleihen? Durch Personifikation. Das Geheimnis des Teufels liegt immer in der Verkleidung, wie wir bei der Schlange in der Genesis beobachten können; sie war «listiger als alle Tiere des Feldes, die Gott, der Herr, gemacht hatte» (Genesis 3,1). Satan verführt uns nicht so sehr zu «heißen Sünden», die viel zu offensichtlich böse sind und sich bald selbst offenbaren. Nein, er verführt uns dazu, gute, richtige und sogar bewunderte Dinge zu tun, aber aus kalten, heimtückischen und egozentrischen Gründen. Vielleicht sehen wir dieses Muster nicht, *weil wir den Glamour des Bösen wirklich bewundern* (1 Johannes 2,15–17) und *die scheinbare Schwäche von Heiligkeit und Tugend verachten* (2 Korinther 12,9–10). Nonnen, die irgendwo in den Städten arbeiten, werden oft nicht besonders ernst genommen, während die Wirtschaftsbosse in ihren Limousinen bewundert werden. Und das tun wir. Tatsächlich.

Wie C. S. Lewis schon so schön sagt: Der Teufel kommt nicht mit Dreizack und Hörnern auf uns zu, sondern im Anzug mit Weste. Wenn wir unseren Umgang mit Alkohol mäßigen und unsere Pornografiesucht bekämpfen, fühlen wir uns stärker und moralischer, und das zu Recht. Aber wenn wir unseren beruflichen Status oder unser Mitgefühl für die «kleinen Leute» verändern oder unsere Preise senken, fühlen wir uns naiv und dumm – und das zu Unrecht. Gut und Böse verstecken sich gut, solange Sie in Ihrem Falschen Selbst leben. Das ist der Kern des Problems und der Grund, weshalb Jesus auf einer grundlegenden Veränderung unseres Selbst besteht und sich nicht mit kosmetischen moralischen Veränderungen zufriedengibt. Mystische Spiritualität ist die eine Sache, moralistische Religion (die wir nur allzu gut kennen) eine andere.

Gott weiß sehr wohl, dass die meisten Menschen nicht bösartig, sondern fehlerhaft sind, keine Betrüger, sondern Betrogene, nicht böswillig, sondern einfach nur schrecklich unwissend, was ihr Wahres Selbst angeht.

Daraus wird ersichtlich, warum der Glaube der schmale Weg ist, dem nur wenige folgen (Matthäus 7,14). Das Wahre Selbst weiß nie mit absoluter Sicherheit, dass es auf dem rechten Weg oder «gut» ist, und eigentlich muss es das auch nicht wissen – und das meinen wir, wenn wir vom Glauben sprechen. Das Wahre Selbst hat Bekanntschaft mit dem harten Boden und der hohen Decke der Realität gemacht und ist immer weniger auf bloße verbale Sicherheiten oder allezeit passende Antworten angewiesen. Es hat seine Sicherheit an einer anderen Stelle gefunden und lebt jetzt in einem JA, so groß, dass es die meisten kleinen Neins einfach aufsaugen kann. Das Falsche Selbst fürchtet und verleugnet alle scheinbaren Widersprüche, wahrscheinlich weil es unterschwellig weiß, dass es selbst eine Zusammenballung von Widersprüchen ist und nach einer äußeren Ordnung sucht. Der äußeren Welt können Sie nur vergeben, wenn Sie Ihrer inneren Welt vergeben haben.

Das Wahre Selbst hat schon alle Widersprüche und Paradoxe überwunden. Diese Überwindung wird durch den auferstandenen Christus symbolisiert, der uns die ganze Spannung von Tod und Leben, Erde und Geist, Menschlichem und Göttlichem zeigt – *aber eben in ihrer überwundenen Form.* Das ist die dauerhafte Botschaft des Auferstandenen an die Geschichte der Menschheit. *Er hält und überwindet ihre letzten, größten Spannungen.*

In einem einzigen herrlichen Leib vereint er unser höchstes Streben mit der tiefsten Leiblichkeit unseres Seins – und heilt damit alles. Atem und Lehm sind wieder vereint, Adam ist neu erschaffen. Haben Sie sich jemals gefragt, weshalb christliche Kunst den Auferstandenen so häufig mit einer großen Flagge zeigt, auf der aber nichts geschrieben steht? Vielleicht kennen wir die Botschaft nicht. Sie lautet: *«Liebe ist stärker als der Tod!»* Es ist die Osterbotschaft.

Der Mythos der Trennung

Jede reife Religion muss und wird über den Tod jeglicher Vorstellung des abgetrennten Falschen Selbst sprechen und erkennen, dass nur eine tief verwurzelte Sicherheit in einer größeren Liebe uns den Mut dazu gibt. Das Wahre Selbst kann loslassen, weil es tatsächlich radikal verbunden ist. Das Wahre Selbst ist wie ein Kleinkind, das von seiner Mutter (also von Gott) wegkrabbelt. Es weiß, die Mutter wird es zurückhalten, wenn es in irgendeine Gefahr gerät. Was für ein Vertrauen, was für eine Sicherheit ergibt sich daraus für das Wahre Selbst! Das getrennte Selbst ist das Falsche Selbst, und das Falsche Selbst definiert sich immer als einzigartig, besonders, überlegen und abgetrennt. «Wenn das Weizenkorn nicht in die Erde fällt und stirbt, bleibt es allein», sagt Jesus (Johannes 12,24). «Wenn es aber stirbt, bringt es viele Frucht.» *Wann immer Sie richtig lieben, sind Sie gestorben und haben Ihr getrenntes Selbst losgelassen.* Oder, wie Stephen Levine so oft sagt: Unsere Furcht vor dem Tod ergibt sich hauptsächlich aus «einem eingebildeten Verlust unserer eingebildeten Individualität».[34] Keiner dieser scheinbaren Verluste ist wirklich ein Verlust, sondern vielmehr eine Erweiterung. Bitte denken Sie über diese Einsicht nach und beten Sie. Sie wird Ihnen erlauben, Ihre Angst vor dem Tod zu überwinden. Unser Falsches Selbst ist gleichbedeutend mit unserer individuellen Einzigartigkeit in ihren beiden Formen: «Bin ich nicht wunderbar?»

und «Bin ich nicht schrecklich?» Beides sind Erscheinungsformen des gleichen Egotrips und nehmen das winzige kleine
Selbst viel zu ernst. Der oder die wahre Heilige ist nicht mehr
überrascht, wie klein oder auch groß er oder sie auch sein
mag. Eine Maus, die in einem Herrenhaus lebt, braucht keine
Lektionen in Demut. Unsere Güte und unsere Schlechtigkeit
sind immer Gemeingut. Jede Vorstellung eines privaten, persönlichen Himmels ist per definitionem kein Himmel, in den
wir «aufsteigen» können. Tatsächlich ist er nicht mehr und
nicht weniger als eine Hölle. Wenn Sie auf Ihre wohlverdiente
Krone, auf Harfe und weiße Kleider hoffen, dann ist dabei
Ihr Falsches Selbst am Werk.

Deshalb macht sich Jesus über den albernen religiösen
Streit lustig, wer im Himmel mit wem verheiratet sein könnte.
Und deshalb sagt er auch, dass wir den entscheidenden Punkt
verpassen (Lukas 20,27–40). Wir werden alle «Kinder der Auferstehung» (Lukas 20,36) mit einer neuen Art der Lebendigkeit sein (20,38), die nicht auf Einzigartigkeit, sondern auf
Gemeinschaft beruht. Aber das versteht nur das Wahre Selbst,
während das Falsche Selbst sich dadurch beschnitten fühlt.

«Erster sein» ist nur ein Bedürfnis des zerbrechlichen Fal-
schen Selbst. «Letzter sein» hat für das Wahre Selbst und die
Seele keine echte Bedeutung und keinen Wert. Wie können
Sie Letzter sein, wenn wir alle zum ganzen Leib gehören?
«Und würde das Ohr sagen: Weil ich kein Auge bin, gehöre
ich nicht zum Leib, so gehört es doch zum Leib. … gerade die
Glieder des Leibes, die als schwächere gelten, sind notwendig»
(1 Korinther 12,15.22). Das Wahre Selbst sieht alles in seiner
Ganzheit und damit vollkommen anders als die Welt, die alles
auf den Kopf stellt. Das Falsche Selbst sieht immer nur Stück-
werk und Hierarchien und alles auf sich selbst bezogen – oder
anders gesagt: Es sieht nicht besonders gut.

Vor der Transformation ist Sünde gleichbedeutend mit jeder Art von moralischem Fehler. Danach ist Sünde *gleichbedeutend mit einem Missverständnis darüber, wer Sie sind und zu wem Sie gehören.* In diesem Sinne kann und wird nur das Falsche Selbst sündigen. Das Falsche Selbst erzählt Lügen, weil es auf seine Weise schon eine Lüge ist. Oder, wie Jesus zu seinen Mördern sagte: Das Falsche Selbst «weiß nicht, was es tut» (Lukas 23,34). Das Wahre Selbst ist bewusst, das Falsche Selbst ist weitgehend unbewusst, und wir tun nur dann Böses, wenn wir nicht-bewusst sind.

Kurz gesagt: Das Falsche Selbst ist ein Haus, das auf Sand gebaut ist (Matthäus 7,26), aber zum Glück ist Gott bereit, selbst mit Sand zu arbeiten, und hat den Sand ja auch geschaffen. Die Sandflächen des Lebens sind immer noch der Tunnel, durch den Sie sich graben, um den unsterblichen Diamanten zu erreichen. Sie können und werden immer noch Fehler machen, wenn das Wahre Selbst Ihr Zuhause geworden ist, aber Sie werden sie als das ansehen, was sie sind – Fehler. Sie werden in der Lage sein, um Entschuldigung zu bitten und sich zu ändern.

Es ist von größter Wichtigkeit, dass Sie wissen: *Das Wahre Selbst ist nicht gleichbedeutend mit moralischer Perfektion oder auch nur psychologischer Ganzheit.* Viele masochistische Heilige, exzentrische Propheten und neurotische Mystiker waren mehr als nur ein bisschen seltsam, und fast alle hatten und haben ernst zu nehmende blinde Flecken, aber *sie wussten, wer sie in Gott sind und dass sie immer dorthin zurückkehren konnten.* Das ist ihr Geheimnis. Das Wahre Selbst kann die Wahrheit sehen und sich zusprechen und seine eigenen Spiele durchschauen – wenn nicht sofort, so doch im Laufe der Zeit. Deshalb ist es ein Haus, das auf Fels gebaut ist (Matthäus 7,25), was nicht heißt, dass es nicht ständige Pflege, Reinigung und

Feinabstimmung braucht. Das Wahre Selbst ist nicht das absolut vollkommene Selbst, es hat nur teil an dem Einen, der absolut vollkommen ist. *Heiligkeit ist nicht immer Vollkommenheit – eigentlich nie.* Gott allein ist vollkommen und «gut», wie Jesus sagt, als er «gut» genannt wird (Markus 10,18). Ich hoffe, das gibt Ihnen die Freiheit, andere weniger zu beurteilen und auch mit sich selbst geduldiger zu sein.

Ein Gleichnis

Wenn die Frage, wer Sie sind, geklärt ist, erledigt sich das Problem der Moral meistens von selbst. Solange diese Frage nicht geklärt ist, vor allem gegen Ende des Lebens, werden selbst Ihre «Tugenden» zu einer Last für die anderen. Sie können das an der großen Ungeduld sehen, die Jesus für die Pharisäer und Schriftgelehrten aufbrachte, die ständig versuchten, ihn in eine Falle zu locken und auf seine Worte festzunageln, und das alles im Namen der «rechten Lehre» oder «Orthodoxie».

Wie immer haben die Literaten die besten Begriffe dafür, in diesem Fall Flannery O'Connor, die großartige Autorin von Kurzgeschichten, in ihrem Meisterwerk *Revelation.* In dieser Geschichte hat die Hauptfigur Ruby Turpin, eine gute, aber selbstgerechte Christin, eine Vision, als sie im Schweinestall steht. Ruby ist ein klassisches Falsches Selbst, das endlich anfängt, über die selbstgemachte Heiligkeit (den Schweinestall) hinauszusehen und erste Blicke auf das Wahre Selbst zu werfen. In der Geschichte beschreibt sie, was sie sieht, als eine «riesige Horde von Seelen» lautstark in Richtung Himmel zieht: arme Weiße, Schwarze in weißen Kleidern und «Bataillone von Irren und Verrückten, die schrien und in die Hände klatschten und hüpften wie die Frösche». Ganz am

Ende, so sagt sie, geht eine «Gruppe von Menschen wie sie selbst», die «immer ein bisschen von allem besessen hatten» und «mit großer Würde hinter den anderen hermarschierten, wie immer verantwortlich für Ordnung und Gemeinsinn und anständiges Benehmen … Und doch konnte sie an ihren erschrockenen, verzerrten Gesichtern sehen, dass selbst ihre Tugenden weggebrannt wurden.»[35] Das ist es, wie nur ein Meister lehren könnte. O'Connor zeigt das Falsche Selbst in seinen letzten, erschütternden Augenblicken. Man kann nur hoffen, dass Ruby aufgibt und anfängt, falsche Töne zu singen wie die lärmende Horde. Sie hat ihr Leben lang unter einem massiven Fall von falsch verstandener Identität gelitten, wie wir alle, aber noch verstärkt durch ein starkes «christliches» Falsches Selbst. Religion kann das Auftauchen des Wahren Selbst entscheidend verzögern! Ich bin seit zweiundvierzig Jahren Priester und weiß aus eigener Erfahrung, wovon ich spreche.

Das Wahre Selbst kommt nicht «in den Himmel», sondern lebt schon dort. Das Wahre Selbst ist eher diese «riesige Horde», die lautstark Richtung Himmel zieht. Es ist Teil eines großen Leibes, setzt nur noch wenig Vertrauen in seine eigene Tugend und ist nicht besonders überrascht über die persönliche Schwäche. Ruby öffnet sich einfach zum ersten Mal für den Himmel und ist ein bisschen erschrocken und wohl auch enttäuscht, weil so viele andere auch dort sind.

Das Wahre Selbst schließt jeden ein, der dabei sein will. Es ist fast zu einfach und geradlinig mit dieser «riesigen Horde» auf dem Weg gen Himmel. Einige nennen es die «Gemeinschaft der Heiligen». Andere haben sich darunter die Kirche vorgestellt. Schon im 4. Jahrhundert hat der heilige Augustinus etwas ziemlich Schockierendes, aber sicher Wahres gesagt: «Die Kirche ist der Zustand der Gemeinschaft der ganzen Welt» *(Ecclesiam in totius orbis communione consistere).*

Und Thomas von Aquin hat Dinge gesagt, denen nur wenige Katholiken oder gar Geistliche heute auch nur zustimmen würden. Er sprach von der Kirche, die «seit Abel existiert» (Hebräer 11,4), und davon, dass der «Leib der Kirche sich aus den Menschen zusammensetzt, die seit Anbeginn der Welt bis heute existieren».[36] Wo auch immer es Glaube, Hoffnung und Nächstenliebe gibt, da ist die Kirche und da ist Gott, und an diese Kirche glaube ich in allererster Linie.

In alltäglicher Sprache heißt das: Das Wahre Selbst wird von dem Klebstoff einer universellen Liebe zusammengehalten. «Gott ist Liebe, und wer in der Liebe bleibt, der bleibt in Gott und Gott in ihm» (1 Johannes 4,16). Wenn wir in solcher Fülle leben, müssen wir unser Falsches Selbst nicht bekämpfen oder es besiegen. Es tritt von ganz allein in den Hintergrund, wenn die absolute Fülle und das absolute Zulassen da sind.

Jesus gab am Kreuz Leib und Leben auf, und er tat es bereitwillig, nicht weil Körper und Leben schlecht oder unwürdig gewesen wären (sie waren schön), sondern *weil sie nicht mehr nötig oder hilfreich waren, um seine Aufgabe zu Ende zu führen.* Das schwierige Graben durch Schlacken und Abraum, das einmal so wichtig schien, ist endlich erledigt. Es war einmal wichtig, aber jetzt nicht mehr. Für alles gibt es eine Zeit, wie Kohelet so schön sagt (3,1–8).

Es ist nicht so, dass wir den unsterblichen Diamanten des Wahren Selbst «finden» würden. Er «erscheint» allmählich, während wir daran arbeiten, erwachsen zu werden, genau wie der Auferstandene einfach wie ein Freund auf der Straße erschien, mit dem Gärtner verwechselt wurde, in einem verschlossenen Zimmer auftauchte oder zum Frühstück an den Strand kam. Oder, wie es der Meister Thomas Merton so oft sagte: «Mitten in unserem Sein geht eine Tür auf, und es kommt uns so vor, als fielen wir durch sie hindurch in eine ungeheure Tiefe, die trotz all ihrer Unendlichkeit immer noch erreichbar für uns ist. Als wäre alle Ewigkeit in diesem einen seelenruhigen, atemlosen Kontakt unser Eigen geworden.»[37]

Diese Tür muss sich nur einmal in Ihrem Leben öffnen, dann wissen Sie für alle Zeit, wo Ihr Zuhause ist. Sie werden sich von da an mit nichts Geringerem mehr zufriedengeben. Sie sind über verschiedene Stationen an diesen Punkt gekommen, aber Sie würden niemals daran denken, zurückzugehen.

Das Lied des Wahren Selbst

Es gibt eine Würde in uns, innen, ganz natürlich.
(Bei alten Menschen zeigt sie sich gern.)

Eine Würdigkeit, angeboren, die schon erkennt und genießt. (Du siehst sie bei Kindern.)

Es ist ein «unsterblicher Diamant» und wartet darauf, ausgegraben zu werden. Nur die Sehnsucht entdeckt ihn.

Es gleicht der Ehrfurcht, die ein Lied in dir summt. Achte sie!

Nenne es Seele, das Unbewusste, Tiefenbewusstsein oder die Einwohnung des Heiligen Geistes.

Oder nenne es Nichts.

Es bedarf nicht des richtigen Namens und auch nicht der richtigen Religion, um sich zu zeigen.

Es braucht nicht einmal unser Verstehen, keine Wörter zum Geleit.

Es ist einfach da. Und zeigt sich am ehesten, wenn wir still sind oder verliebt. Oder beides.

Ich nenne es: das Wahre Selbst.

Es ist Gott-in-allen-Dingen und doch von keinem Ding begrenzt.

Es lässt sich erfahren und kosten, doch nur, wenn jeder Teil mit allen anderen Teilen vereint ist, erst dann kommt seine ganze Wahrheit zum Vorschein.

Hin und wieder leuchtet dieses Wahre Selbst auf und wird sichtbar in der Schönheit eines Ortes, eines Menschen.

Prachtvoll und für alle zu sehen im Leib des auferstandenen Christus.

Und wohlgemerkt: im Leib. Es beginnt hier und jetzt in unserem leiblichen Dasein in dieser Welt. So wandert das Christus-Mysterium auf den Straßen der Zeit.

Wenn du diesem Wahren Selbst begegnest – und ein einziges Mal ist genug –, dann weicht das Falsche Selbst ganz von allein.

Aber dazu braucht es fast dein ganzes Leben – so wie bei Jesus.

Drittes Kapitel

Was stirbt und wer lebt?

> Im Herzen fühlt man nicht, dass man stirbt.
> Man fühlt nur Mitleid mit dem Nebenmann.
>
> *Ernest Becker*

> Gott aber ist nicht ein Gott von Toten, sondern
> von Lebenden; denn für ihn sind alle lebendig.
>
> *Lukas 20,38*

Fast alle Religionen behaupten auf die eine oder andere Weise, dass wir sterben müssen, bevor wir sterben, und dass wir dann wissen werden, was Sterben bedeutet – und was nicht. Unser normaler Blickwinkel ist ganz und gar ungeeignet, um die Wirklichkeit zu sehen. Es ist weitgehend nutzlos, über den Grund des Seins, über das Wahre Selbst oder die tiefste Seele zu sprechen, solange wir nicht wenigstens einmal wirklich in Kontakt mit ihnen getreten sind. Dafür jedoch ist es unabdingbar und unausweichlich notwendig, für den alten Blickwinkel des Egos und des Falschen Selbst zu sterben. Wenn Sie das tun, wissen Sie ein für alle Mal, dass es da etwas gibt, das man benennen und über das man sogar sprechen und auf das man zutiefst vertrauen kann. Sie bewegen sich von der Religion als reinem Für-wahr-Halten weiter zu einer neuen Art von Wissen.

Von diesem Moment an wissen Sie, dass Sie eine Seele haben, und Ihre Seele wird zur wichtigsten Empfangsstation. Die meisten Seelen sind zunächst «unerlöst» in dem Sinne, dass sie es nicht wagen, sich vorzustellen, sie könnten mit Gott / der Wirklichkeit / dem Universum eins sein. Aber das ist die Lüge des Falschen Selbst, das nur langsam und nach großen Prüfungen unsererseits stirbt. Vor allem wegen dieser Vorstellung der tatsächlichen Einheit mit Gott werde ich von Geistlichen bekämpft – als ob sie nicht an ihr eigenes Produkt glauben würden. Kein Wunder, dass so viele Menschen ihnen ihre halbherzige Botschaft nicht abnehmen.

Nur Ihre Seele kann die Seele anderer Dinge erkennen. Nur ein Teil kann das Ganze erkennen, aus dem es stammt. Aber zuerst muss etwas in Ihnen erwachen: Ihr Wahres Selbst. Wer keinen Kontakt mit der eigenen Seele hat, wird denken, Sie faseln Unsinn, wenn Sie über spirituelle Dinge sprechen (1 Korinther 2,10–16), und er ist aufgrund seiner beschränkten Erfahrung sogar ehrlich. Aber auch viele religiöse Menschen werden ihren eigenen Mangel an göttlicher Einwohnung verteidigen, indem sie Sie als Ketzer bezeichnen, weil Sie von etwas sprechen, das jenseits ihrer Erfahrung liegt. Auch sie sind aufrichtig, wenn auch nicht demütig und nicht sehr höflich. (Die schlimmsten Briefe bekomme ich von religiösen Menschen.) Genau deshalb hat Jesus davon gesprochen, dass wir «um meines Namens willen von allen gehasst werden» (Lukas 21,17), und uns sogar verheißen: «Selig seid ihr, wenn euch die Menschen hassen» (Lukas 6,22). Er wollte uns auf diese Überraschung vorbereiten.

Natürlich gibt es so etwas wie Ketzerei, und ich bin durchaus in so etwas wie Orthodoxie trainiert und glaube auch daran (obwohl es das Wort in der Heiligen Schrift nicht gibt). Aber die gesamte Lebenserfahrung Jesu macht klar, dass die größten Ketzer oft da sitzen, wo die Macht ist. Kann man die Berichte über Feindseligkeit, Verfolgung, die Passion und den Mord an Jesus anders lesen? Das religiöse Falsche Selbst ist das beste und meistverteidigte Selbst überhaupt. Wenn Gott für uns persönlich oder für unsere Gruppe zum Lakaien geworden ist, dann können wir andere vollkommen straflos hassen, foltern und töten. Das religiöse Falsche Selbst kann Rassismus, Sklaverei und Krieg rechtfertigen, Verrat und Betrug, und dabei keinerlei Schuld empfinden, sondern glauben, «Gott damit einen heiligen Dienst zu erweisen» (Johannes 16,2). Das Ego findet immer eine Tarnung, also seien Sie vorsichtig mit der Religiosität. Wenn Ihre Religion Ihr Bewusstsein nicht transformiert, ist sie eher Teil des Problems als der Lösung.

Der Grund, warum wir sterben müssen, bevor wir sterben, ist sehr beredt bei Kathleen Dowling Singh aufgeführt, einer Frau, die ihr ganzes Leben der Hospizarbeit gewidmet hat: *«Der normale Verstand [das Falsche Selbst] und seine Täuschungen sterben in der Erfahrung der Todesnähe. Wenn der Tod uns davonträgt, können wir unmöglich noch so tun, als wären wir dasselbe wie unser Ego. Das Ego wird in diesem Davontragen transformiert.»*[38] Irgendeine Form von Tod, sei er psychologisch, spirituell, in Bezug auf unsere Beziehungen oder körperlich, ist nötig, damit wir die Bindung an unser kleines, abgetrenntes Falsches Selbst (unser Ego) lösen können. Nur dann kehrt es in einer neuen Form zurück, die ich als den auferstandenen Christus, die Seele oder das Wahre Selbst bezeichne. Das Ego ist das Selbst vor dem Tod; die Seele wird erst Wirklichkeit, wenn wir durch den Tod unseres immer mehr verblassenden Falschen Selbst gegangen sind und größer und «strahlender» auf der anderen Seite herausgekommen sind. Hafis, der persische Mystiker und Dichter aus dem 14. Jahrhundert, sagt es auf unnachahmliche Weise: «Gott versucht dir etwas zu verkaufen, aber du willst es nicht. So sieht dein Leiden aus: Es ist dein fantastisches Feilschen, dein wildes Geschrei um den Preis.»[39]

Alles, was billiger ist als der Tod des Falschen Selbst, ist nutzlose Religion. Das Falsche Selbst muss sterben, damit das Wahre Selbst leben kann. Oder, wie Jesus sagt: «Wenn ich nicht weggehe, wird der Beistand nicht zu euch kommen» (Johannes 16,7). Eine klare, aber niederschmetternde Botschaft. Theologisch gesprochen würde ich es so sagen: Jesus (ein guter Mensch) musste sterben, damit der Christus (die universelle Gegenwart) erscheinen konnte. So sieht Transformation nun einmal aus, aber das Loslassen des ursprünglichen «guten Menschen» ist immer ein großer Glaubensschritt, gerade weil dieser Mensch «gut» ist. Biblisch gesagt, wird die Verwandlung durch den Tod des unschuldigen Pessachlamms vorausgesagt, das im Haus aufgewachsen war und von den Kindern wahrscheinlich sogar einen Namen bekommen hatte (Exodus 12,5–6). Was stirbt, ist nicht zwangsläufig schlecht; tatsächlich wird es sich oft gut und notwendig anfühlen.

Ihr Wahres Selbst ist jener Teil, der ewig lebt und wahrhaftig sieht. Es ist der göttliche Atem, der durch Sie hindurchgeht. Ihr Falsches Selbst ist jener Teil, der sich ständig verändert und irgendwann stirbt. Es lebt in der Welt vergänglicher Gestalten und sieht sich als wichtigsten Bezugspunkt – was nie der Wahrheit entsprechen kann. Das Falsche Selbst ist flüchtig, unverbindlich und – wie die Hindus und Buddhisten sagen – «leer». Eine reife Religion hilft entweder, den Sterbeprozess des Falschen Selbst zu beschleunigen, oder sie beendet wenigstens seinen Kampf gegen den sicheren Tod. Wie auch immer, wir sprechen hier vom freien Fall, also können wir ebenso gut springen und mitmachen. Es ist viel einfacher, frühzeitig ein freies Ja anzubieten, bevor uns dieses Ja auf dem Sterbebett oder durch eine Tragödie aufgezwungen wird. Oder, wie der heilige Franziskus sagte: «Willkommen, Bruder Tod!»

Ihr Falsches Selbst ist weder schlecht noch unrecht, es ist nur sterblich. Es ist relativ und nicht absolut. Es ist vergänglich und hat keine Substanz, es ist ein weitgehend gedankliches, kulturelles Konstrukt. Es wird sterben, wenn Sie sterben. Aus irgendeinem Grund verlieben wir uns eher in das Sterbliche und Vergehende als in das, was lebt und ewig leben wird. Vielleicht ist unsere Liebe zum Falschen Selbst eine Art Mitleid mit etwas Zerbrechlichem, Bedürftigem, ein verständliches Hängen an vergänglichen Dingen, bevor sie gehen müssen – in dem sicheren, wenn auch unbewussten Wissen, dass sie gehen müssen! Das ist nicht schlecht; tatsächlich kommt die ganze Sache damit ins Rollen. *Wir wachsen an den Grenzen von Raum und Situation,* obwohl keiner von uns das gern zugeben will. Manche sagen, wir würden nie erwachsen, wenn wir wüssten, dass wir ewig in dieser Welt leben würden. Ich fürchte, das stimmt.

Ihr Falsches Selbst ist das notwendige Aufwärmen, der Teil Ihres Egos, der eine abgetrennte Identität erschafft, vor allem in der ersten Lebenshälfte. Im Grunde genommen handelt es sich um Ihr unvollständiges Selbst, das versucht, als vollständig durchzugehen. Wir verlieben uns so sehr in einen Teil, dass wir das Ganze verleugnen. Gott versteht das ganz sicher und ist zweifellos froh, dass wir uns überhaupt verlieben. Denn diese Liebe bringt uns auf den Weg, bis wir irgendwann begreifen: «Die Liebe hört niemals auf» (1 Korinther 13,8). Sie ist das Einzige, auf das wir zählen können.

Aber Sie sollten wissen: *Immer, wenn Sie sich entschließen zu lieben, entschließen Sie sich auch zu sterben.* Immer, wenn

Sie wirklich lieben, lassen Sie sich selbst als autonome Einheit los und verschenken ein Stück von sich an etwas oder jemanden, das Sie nicht so leicht zurückbekommen – außer wenn Sie sich entschließen, nicht mehr zu lieben, was viele tatsächlich tun. Die ersten Momente der ekstatischen Befreiung aus dem Gefängnis Ihrer selbst sind wunderbar, erotisch und ungemein Leben spendend. Irgendwann jedoch, wenn dieses erweiterte Selbst sich in sich selbst zurückziehen will, begreift es, dass es jetzt in einer viel größeren Wahrheit gefangen ist. Es muss sich entscheiden: Entweder weitet es sich aus und stirbt damit für sein früheres kleines Selbst – oder es zieht sich wieder in sich selbst zurück, was nur eine andere, viel schlimmere Art des Sterbens ist. Sterben werden Sie auf jeden Fall!

«Rettung dir, sonst nur Verzweifeln, Wahl zwischen zwei Scheiterhaufen», sagt T. S. Eliot. «Durch Feuer dich vom Feuer loszukaufen.»[40]

Die Neuausrichtung unseres Selbst von der Teilung zur Einheit durch ein liebevolles, lebenslanges Tauziehen – das ist der Tanz der Verwandlung. Ein Weg des Vertrauens, ein ständiges Erproben der Verlässlichkeit von Liebe und Gott (die Sie irgendwann als ein und dasselbe erkennen!), das uns am Ende gestattet, uns vertrauensvoll in unser Wahres Selbst hineinfallen zu lassen. Und dann sind wir wieder eins.

Denken Sie daran, wir prüfen Gott viel mehr, als Gott uns jemals direkt prüft. Ihr normales dualistisches Entweder-oder-Denken, Ihr Ego, das sich selbst schützt, wird sich mit allen Mitteln dagegen wehren, diesen «stolpernden Perspektivenwechsel» zu vollziehen, und wird alles einsetzen, um ihn zu vermeiden. Aber lassen Sie es uns ganz klar feststellen:

Was stirbt? Ihr Falsches Selbst, und es ist nur eine Frage des Wann, nicht des Ob.

Wer lebt? Das Göttliche Selbst, das immer gelebt hat, jetzt aber Sie mit einschließt!

Und denken Sie daran: Was da stirbt, ist ein Etwas, und wer da lebt, eine Person.

Viertes Kapitel

Die Messerschneide der Erfahrung

> Die Schönheit der Welt ist das zärtliche Lächeln des
> Christus quer durch die Materie.
>
> *Simone Weil*

Einen Großteil unseres Lebens sind wir damit beschäftigt, die Punkte zu verbinden, in das Herz der Wirklichkeit einzudringen, um zu sehen, was gut, wahr und schön für uns ist. Wir wünschen uns etwas Dauerhaftes und Transzendentes.[41] Oft jedoch blicken wir eher in seichtes Gewässer. Seit der Aufklärung des 17. und 18. Jahrhunderts geben wir uns mit Fakten, dem Offensichtlichen, objektiver Wissenschaft oder durch irgendeinen Wissenschaftszweig «beweisbaren» Dingen zufrieden. Wir hoffen, dass die Naturwissenschaft uns objektive Wahrheit schenkt – und die Religion persönlichen Sinn oder persönliche Wahrheit. Sie sollen nicht als Gegensätze verstanden werden.

Aber die Art unserer Suche bestimmt, was wir finden. Ich würde gern vorschlagen, dass wir hauptsächlich in den universellen und weisen Tiefen von Symbol, Metapher und heiliger Erzählung suchen sollten, wo Menschen tiefen, dauerhaften Sinn finden können – oder ihre persönliche Wahrheit. Genau dort finden Sie die «ewige Tradition», und deshalb hat George Bernard Shaw gesagt: «Es gibt nur eine Religion, und dann gibt es tausend Formen davon.» Die besten religiösen Metaphern, wie die Auferstehung, sprechen nicht nur von einer Wahrheit des Christentums (1 Korinther 15), sondern auch von einer universellen Wahrheit. (Keine Panik, liebe Mitchristen, ich leugne nicht die leibliche Auferstehung Jesu, wenn ich von einer Metapher spreche, ganz im Gegenteil. Bitte weiterlesen!)

Die metaphorische Sprache ist die einzig mögliche Sprache, die der Religion zur Verfügung steht, weil sie allein ehrlich vom Geheimnis spricht. Die grundlegenden Botschaften der verschiedenen Religionen und Konfessionen stimmen oft stark überein, aber wir verwenden unterschiedliche Bilder, um unsere Erfahrung der Einheit mit Gott zu vermitteln. Warum sollte das irgendjemanden schockieren oder enttäuschen – es sei denn, wir wären noch Kinder und schrien: «Das ist mein Spielzeug, und niemand darf es anfassen!»? Selbst Jesus, der immer Metaphern benutzt, sagt: «Ich habe noch andere Schafe, die nicht aus diesem Stall sind. Auch sie muss ich führen, sie werden auf meine Stimme hören» (Johannes 10,16a). Ganz offensichtlich benutzt er Metaphern, wenn er Menschen als Schafe bezeichnet. Er sagt auch, dass manchmal ein Außenstehender genauso gut hört wie ein Insider. Und er zeigt echte Fürsorge und Respekt für die «anderen Schafe», wie auch wir es für Menschen mit anderen Glaubenssystemen tun sollten. Dies sind sehr wichtige Punkte, und wer die Metapher nicht ergründet, geht an ihnen vorbei.

Jesus wünscht sich «eine Herde» (Johannes 10,16b), und sein späteres Gebet, alle sollten eins sein (Johannes 17,21–23), kann nur in Erfüllung gehen, wenn wir alle «Andersheit» überwinden. Deshalb spricht Jesus von den «anderen Schafen». Wobei das Ziel nie darin bestehen kann, alle Unterschiede zu überwinden, denn Gott hat uns auf hunderttausend Weisen verschieden geschaffen. *Aber Unterschiede sind nicht dasselbe wie*

Anderssein, jedenfalls nicht zwangsläufig. Durch seine klugen Schaf- und Herdenmetaphern, durch seine Worte über Einheit und Unterschiedlichkeit löst Jesus das sehr komplizierte philosophische Problem «das Eine und das Viele». Er benutzt kluge Metaphern, um missverständliche spirituelle Wahrheiten zu lehren. Er selbst nennt sie «Gleichnisse», und Markus sagt sogar, er habe nur in Gleichnissen zu seinen Jüngern gesprochen (Markus 4,34), *was so viel bedeutet wie: Er war bereit, Missverständnisse zu riskieren, in der Hoffnung, einige würden dadurch ein tieferes Verständnis erlangen* (Markus 4,33).

Es ist unmöglich, diese starken, wichtigen Botschaften zu empfangen, wenn wir der Metapher nicht die Ehre erweisen. Vielleicht haben wir genau deshalb so viele Kernbotschaften von Jesus nicht verstanden – im Gegensatz zu dem, was die Fundamentalisten befürchten. Die Metapher trägt immer *mehr* Bedeutung in sich, nicht weniger. *Eine wörtliche Auslegung erschließt immer nur die unterste, kleinste Bedeutungsebene.*

Wir dürfen uns nicht zu sehr an unsere eigenen Metaphern binden, als wären sie die einzige Möglichkeit, die Wahrheit auszusprechen, und doch brauchen wir gute Metaphern, um in die Tiefe zu gehen. Darin liegt die Spannung und auch der Konflikt. Nur das richtige Symbol ist in der Lage, tief in das Gute, Wahre und Schöne einzutauchen und sie wie Perlen aus den Tiefen des Ozeans heraufzuholen. Das richtige Symbol zur richtigen Zeit macht es uns möglich, uns über Schatten und Illusion hinauszubewegen. Oft erweist sich das, was wie ein bloßes Symbol aussieht, bei demütiger und respektvoller Annäherung als Tür zu allem, was Sie wissen müssen. *Wie sonst könnte ein immer zugänglicher Gott immer zugänglich sein?* Seine Zugänglichkeit ist doch nicht abhängig von einem Studium oder überhaupt von einem Bildungsniveau, sondern einfach von der Fähigkeit, das symbolische Universum zu deuten, was einige Menschen in alter Zeit offenbar weit besser konnten als wir.[42]

Aber verwechseln wir «demütig und respektvoll» nicht mit einer leichten, süßlichen oder oberflächlichen Haltung. Die Weisheitslehrer würden genau das Gegenteil behaupten. Eine solche Sichtweise verlangt die harte Arbeit, alle inneren Räume gleichzeitig offen zu halten: Verstand, Herz und Körper. Sie ist der Kern aller echten Spiritualität und vollzieht sich nur, wenn wir *respektvoll und ohne Egozentrik auf etwas achten* – also in einer betenden Haltung. Ein solches Gebet ist vielleicht selten – aber eigentlich hoffe ich das Gegenteil.

Daran muss der Trappistenmönch Thomas Merton gedacht haben, als er den lächelnden liegenden Buddha in Sri Lanka sah, fast am Ende seines Lebens, und schrieb: «… ich habe jetzt gesehen, bin unter die Oberfläche gestoßen, bin jenseits des Schattens und der Verhüllungen gelangt.»[43] Wir alle versuchen, den Schatten und die Verhüllungen jeder Metapher, jedes Symbols und jeder Formulierung zu durchdringen und auf die harte, wahre – und wunderbare – Wirklichkeit zu stoßen, die unter den bloßen Worten liegt. Wie bei Merton, dauert das einen Großteil unseres Lebens und lässt sich nicht übers Knie brechen. Danach sehne ich mich, während ich dieses Buch schreibe: Mein Ziel ist nicht Dekonstruktion, sondern Rekonstruktion! Ich sage den Menschen gern, *dass das Gegenteil von Kontemplation nicht Aktion ist, sondern Reaktion*. Frühe, schnelle Reaktion ist fast immer egozentrisch und selbstbezogen.

Sowohl Atheisten als auch Fundamentalisten scheinen sich noch diesseits von Schatten und Verhüllung zu bewegen. Sie verbinden sich beide zwangsläufig mit einer verengten, buchstäblichen Sicht der Wirklichkeit und verstehen Metaphern nur selten. Sie glauben, Symbole hätten keine Substanz, und deshalb lehnen sie religiöse Symbole als falsch, oberflächlich, unwahr, unwissenschaftlich oder «bloße Symbole» ab. Ihre Buchstäblichkeit reduziert die Wirklichkeit auf einen dünnen Bretterboden, auf dem sie gehen und sich sicher fühlen wollen, der aber nichts mehr mit einem schimmernden Tanzparkett zu tun hat und schon gar nichts mit einem Boden, auf dem Platz für alle ist, die mittanzen wollen.

Wir leben und bewegen uns in einem ganz und gar symbolischen Universum. Symbole sind tatsächlich die einzige feste Möglichkeit, Substanz zu erfahren. (Die griechische Wurzel des Wortes *symbolon* bezeichnet etwas «Zusammengeworfenes».) Echte Symbole sind irgendwie die Sache selbst. Unser Geist wirft Bedeutungen zusammen, und großenteils sind wir uns dessen gar nicht bewusst. Dichter, Künstler und Geschichtenerzähler wissen das von jeher, und inzwischen sind auch die Naturwissenschaftler so ehrlich, dass sie begreifen: Auch sie brauchen Metaphern, um auf die Wirklichkeit hinzudeuten (denken Sie nur an «Schwarze Löcher» oder den «Urknall»). Ohne neue Symbole, manchmal auch in Form von Worten, können unbewusste Bedeutungen nie ins Bewusstsein durchbrechen, und das Unsichtbare hat keine Möglichkeit, sichtbar zu werden. Und wir bleiben gelangweilt und langweilig zurück. *Wir erfahren unsere Erfahrungen nicht* – und ganz sicher gibt es dann keine «Messerschneide» für unsere Erfahrungen, die uns öffnet, unsere Wunden offenlegt oder unser Glück aufbereitet.

Symbole gestatten es uns, die Kernbedeutungen unseres Lebens immer wieder in einen neuen Rahmen zu stellen, zu reorganisieren und neu einzurichten. Viele von uns stellen in unserer postmodernen Welt eine «Sinnkrise» fest, beobachten eine Welt, in der die Dinge nichts mehr bedeuten. In einem solchen Universum herrscht große Einsamkeit. Ohne Sinn – und ohne tieferen Sinn – können Menschen nicht glücklich leben. Symbole haben die Macht der Sinnstiftung – sie stiften den Sinn, der uns jeden Morgen aufstehen lässt. Und Religion sollte ein Meister darin sein, *Sinn zu suchen.*

Warum sonst lesen wir Romane, führen anstrengende Gespräche, sehen uns Filme an oder haben Sex, wenn nicht, um eine Antwort auf die menschlichste aller Fragen zu finden: «Was für einen Sinn hat dieses Ding namens Leben?»? Oder: «Was für einen Bedeutung hat das alles?» Unsere Antworten bestimmen, wofür wir tatsächlich leben und sterben: Familie, Ehepartner, unser Land, Gott, treue Freundschaft, Liebe, Geld. Ohne Sinn sind wir sicherlich weniger menschlich und vor allem zutiefst unzufrieden. Sinn ist im Wesentlichen vorbegrifflich und nicht von Wörtern abhängig (und damit in gewisser Weise nicht-rational), aber er liegt sozusagen auf der Lauer und wartet darauf, aufzutauchen und das richtige Symbol im richtigen Augenblick zu packen. Wir sehen einen Sonnenuntergang, und er spiegelt etwas, das bereits in uns ist und nur darauf wartet, Freude zu werden. Wir sehen Picassos Gemälde *Guernica* und erkennen und spüren die Absurdität und den Schrecken des Krieges.

In einem solchen Augenblick, selbst wenn uns Traurigkeit erfüllt, fühlen wir uns in der Regel lebendiger, authentischer, als Teil eines Ganzen, mit dem wir verbunden sind. Das innere Selbst drückt sich aus, der innere Atem wird ausgehaucht, und die innere und äußere Welt treffen sich. Die universale Antwort darauf ist Erleichterung und Befriedigung. Die Griechen nannten es *Katharsis,* emotionale Reinigung. Die Katholiken nennen es «Sakrament». Die Welt ergibt wieder Sinn, jedenfalls für eine Weile. Und indem wir im Sehen wachsen, wird alles symbolisch, und wir würden gern ein Gedicht schreiben oder ein Bild malen, das zeigt, was wir sehen – und das ist stets mehr als das Offensichtliche. Jesu Worte an den zweifelnden, gründlich prüfenden Thomas bekommen eine ganz neue Bedeutung: «Selig sind, die mehr wissen, als sie zu sehen vermögen» (vgl. Johannes 20,29).

Natursymbole wie Bäume, Wasser, Tiere oder nackte Menschen sind auf eine Weise universelle Metaphern, die auf jeden Menschen wirken, wenn auch auf unterschiedliche Weise. Solche Metaphern nehmen uns mit «darüber hinaus», was der griechischen Bedeutung des Wortes *metaphora* entspricht. Gute Religion sollte die Metaphern meisterhaft beherrschen und uns hinübertragen. Wir wissen zum Beispiel, dass Gott keine Person in dem Sinne ist, in dem wir menschliche Personen verstehen, und trotzdem macht der Gebrauch des Wortes erst das persönliche Geben und Nehmen mit dem Göttlichen möglich. Ich nehme an, dass Gott keine menschlichen, körperlichen Emotionen hat, aber nur indem ich davon spreche, dass Gott Freude an der Schöpfung hat, mache ich sein positives Engagement für die Welt der Dinge und Geschöpfe begreiflich. «Person» und «Freude» sind gute, brauchbare Metaphern, die uns jene Wirklichkeit erschließen, die viele von uns Gott nennen. Symbole ziehen Dinge aus dem verborgenen Unbewussten ins Bewusstsein, wo wir mit ihnen umgehen können. Die Behauptung, Symbole seien nicht wahr und Metaphern keine «Wirklichkeit», ist einfach dumm. Ich bitte um Vergebung, wenn das unfreundlich klingt! Wir leben und sterben für unsere Symbole, *weil unsere psychische Wirklichkeit ein Teil der großen Wirklichkeit ist.*

Durch fast die gesamte Geschichte hindurch kannte die Religion die Wahrheit von Metapher und Symbol, bis auf die letzten paar Jahrhunderte, und vor allem seit der fälschlicherweise so genannten «Aufklärung» des 17. und 18. Jahrhunderts.

Da nämlich haben wir angefangen, das Rationale und Beweis-
bare mit der Wahrheit zu verwechseln. Tatsächlich war das ein
Rückschritt. Indem die Religion versuchte, ihren Standpunkt
angesichts von Rationalismus und Szientismus[44] zu verteidigen, wurde sie selbst «rational» und büßte ihr alternatives Bewusstsein ein, das viele von uns Kontemplation nennen. Es
ist, als hätten wir versucht, dem Geheimnis mit ganz und gar
ungeeigneter «Software» beizukommen. Wir haben unseren
Zugang zu den höheren Bewusstseinsstufen, zum Transratio-
nalen, Transpersonalen, Transzendenten verloren. Und was
noch tragischer ist: *Wir haben den größten Teil der inneren
Erfahrung in unseren eigenen äußeren Glaubenssystemen verloren.* Und darin liegt das Problem der Religion heute, und es
ist tatsächlich ein tiefgreifendes, ernstes Problem für die kom-
menden Generationen. Meine Generation hat die Symbole zu
wörtlich genommen, und die nächste Generation verwirft sie
und hält sie für nutzlos. Dabei können wir beide nur verlieren.

Möglicherweise erstaunt es Sie, aber Fundamentalismus
und Atheismus sind sich insofern ähnlich, als sie in sich abge-
schlossene rationale Systeme darstellen. So ein System funktioniert gut, solange man im Rahmen seiner einmal gewählten
Logik und seines Gebiets bleibt. Fundamentalistische Christ-
en kommen niemals raus aus «Texas», fundamentalistische
Muslime können den «Irak» nicht verlassen, fundamentalistische Juden bleiben in «Zion», und Atheisten finden keinen
Weg aus ihren eigenen Instituten und Akademien. Meine eigene katholische Tradition scheint nicht zu begreifen, dass
die Begriffe «römisch» und «katholisch» (im Sinne von «all-
umfassend» oder «universell») ein Widerspruch in sich sind.
Solange jedes System sich innerhalb der kleinen Schubladen
seiner eigenen Grenzen bewegt, funktioniert das alles, aber
nicht in dem großen Schrank, den Jesus «Reich Gottes» oder

«Himmelreich» nannte, und auch nicht in der globalen Welt, in der wir heute leben.

Kein Ego (ob eines Menschen oder einer Gruppe) scheint jemals das eigene Haus verlassen zu wollen. Jede Vorstellung von universeller Zugehörigkeit nimmt mir das Besondere, die Überlegenheit, die Abgrenzung, also die Markenzeichen des mentalen Egos, das Berechnung über Beziehung stellt. Womit auch erklärt wäre, weshalb Jesus bekämpft und sogar getötet wurde und warum die Menschen lieber Kontroversen erfinden, als ihr Wahres Selbst zu entdecken.

Auferstehung

Das höchst effektive Symbol, das ich in diesem Buch vorstelle, ist möglicherweise das größte und schönste Symbol, das das Menschenherz sucht und ersehnt: die Auferstehung, das universelle Muster der Überwindung des Todes. Die drei Religionen, die sich auf Abraham zurückführen, sehen Gott als den einen, «der die Toten lebendig macht und das Nichtseiende ins Dasein ruft» (Römer 4,17). Für die Christen ist dieses Muster von Inkarnation, Tod und Auferstehung, das sich im «Christusmysterium» entfaltet, lange vor Jesus von Nazaret wahr, von der Geburt und dem Tod der Sterne bis hin zum gesamten Kreis des Lebens auf unserem Planeten. Der einzige Jesus, den wir jetzt kennen, ist der auferstandene, ewige Christus, der kosmische Christus. *Christus* ist unser Wort für den «Leib Gottes»[45], und wer das Wort *Christus* nicht mag, kann nach einem anderen suchen – aber es ist so gut wie jedes andere, um den *in die Materie gekommenen Gott* zu benennen, ein Ereignis, das ganz offensichtlich vor etwa 14,6 Milliarden Jahren geschah.

Dieser ewige oder kosmische Christus ist Gott, wie er sich in jedem Aspekt der Schöpfung offenbart. So bezeugt es die Heilige Schrift (beispielsweise in Johannes 1,1–18; 1 Korinther 8,6; Kolosser 1,15–20; Epheser 1,3–14; 1 Johannes 1,1–3; Hebräer 1,1–3), und doch entspricht das bis heute nicht dem Weltbild der meisten Christen, nicht einmal jener Christen, die behaupten, die Heilige Schrift zu lieben. Die meisten glauben an einen historischen Jesus, aber kaum an den kosmischen Christus, die Personifizierung der gesamten Geschichte unseres Universums (Offenbarung 21,6; 22,13).[46] Ironischerweise haben diese Jesus-Gläubigen Jesus kleiner gemacht, als er ist oder sein sollte, er wurde zu ihrem «Stammesgott» statt zum Erlöser der Welt (Johannes 4,42) oder zum Alpha und Omega der Geschichte (Offenbarung 21,6).

Ich führe diese Vorstellung hier ein, um Ihnen das ganze Ausmaß dessen zu zeigen, was wir den auferstandenen Leib Christi nennen, aber auch, um zu illustrieren, was wir verpasst haben, indem wir unsere eigene menschliche Erfahrung nicht ernst genommen haben. Der Wüstenvater Antonius (251–356) hat es in den allerersten Jahrhunderten nach Christus sehr klar und prophetisch gesehen: «Gott sammelt uns aus allen Religionen, bis er *unsere eigenen Herzen aus der Erde aufstehen lassen kann* und uns lehren kann, dass wir alle aus einem Stoff gemacht und Glieder desselben Leibes sind. Denn wer seinen Nächsten liebt, der liebt Gott, und wer Gott liebt, der liebt seine eigene Seele.»[47] Eine reifere Deutung der gesamten christlichen Botschaft wird man sechzehn Jahrhunderte später kaum finden. Manchmal fühlt es sich wirklich so an, als wären wir rückwärtsgegangen.

Viele Christen glauben felsenfest an die leibliche Auferstehung Jesu, kommen aber nie auf die «Messerschneide der eigenen Erfahrung» – wie Rosemary Haughton es als Erste genannt hat – und lassen nie die «Auferstehung des eigenen Herzens» oder der Geschichte zu.[48] Der gekreuzigte und auferstandene Christus ist eine Messerschneide, die unser Leben – und die Geschichte selbst – öffnen kann, so dass eine klare, überwältigende Flugbahn entsteht.

Ich glaube, das gesamte Christusmysterium dient als Karte für die Reise des Wahren Selbst von der göttlichen Empfängnis zum Leben als «Geliebtes Kind», durch die Kreuzigung hindurch bis zur Auferstehung. C. G. Jung, der das Christentum gelegentlich kritisierte, sagte gleichwohl: «Was im Leben Christi geschieht, geschieht immer und überall.» Er bezeichnete Christus als «Archetyp des Selbst».[49] Ich glaube zutiefst an die Wahrheit dieser Aussage, und ich weiß auch, dass man kein Christ sein muss, um nach dieser Karte zu wandern oder das tiefere Muster der Wirklichkeit zu erkennen. Tatsächlich können es viele Nicht-Christen viel besser erkennen, ehren und leben als diejenigen, die sich als gläubig bezeichnen. Man muss nicht in Russland sein, nur weil man eine korrekte Landkarte von Russland besitzt, und man kann Russland ganz und gar erleben, ohne eine Karte zu besitzen! Aber das Christusmysterium ist trotzdem eine gute Landkarte.

Wenn ich das Wort «Auferstehung» benutze, spreche ich nicht über Optimismus, nicht über ein großes Jesus-Wunder oder den Beweis, dass das Christentum die wahre Religion ist. Ich fordere auch niemanden dazu auf, im Dunkeln zu pfeifen oder intellektuell zu bekräftigen, dass es ein Leben nach dem Tod gibt. Ich spreche über etwas viel Dauerhafteres und Universelleres. Wenn Sie mit Verstand, Herz und Leib sehen können, wissen Sie, dass fast alles Anteil hat an der Auferstehung, selbst die Dinge, die Sie zu hassen lieben.

Wer von uns war nicht irgendwann einmal in der Lage, den Silberstreif am Horizont zu sehen, selbst wenn dunkle

Wolken am Himmel hingen? In meinem Leben hat es viele Silberstreife gegeben, und man könnte daraus schließen, dass das Muster von Leben und Tod mir inzwischen vollkommen logisch erscheinen müsste. Aber auch ich bekämpfe und unterdrücke immer noch meine eigene Auferstehung, bastle mir Katastrophenszenarien zusammen, sobald ich drei Sekunden lang einer Schwierigkeit oder einem dunklen Gefühl begegne! Aus irgendeinem verdammten Grund – und ich benutze das böse Wort mit Absicht – stehen wir in einem viel stärkeren Energieaustausch mit den dunklen Wolken als mit den Silberstreifen. Wahre Freude ist schwerer zu erreichen und sogar schwerer festzuhalten als Zorn oder Furcht. Das Falsche Selbst bezieht seine Energie aus Problemen und selbstgemachten Zielen, fast in jedem Augenblick; das Wahre Selbst (die Seele) braucht einen anderen Treibstoff: *Einheit und Zufriedenheit selbst* und vor allem *tiefe Resonanz* (Sinn) jeglicher Art.

Sobald Sie wissen, dass Leben und Tod nicht zweierlei sind, sondern Teil eines Ganzen, werden Sie anfangen, die Wirklichkeit auf eine ganzheitliche, nicht aufgespaltene Weise zu sehen, und aus dieser Veränderung ergibt sich alles andere. Dies ist die Geburt eines nicht-dualen Bewusstseins. Niemand kann Ihnen das beibringen, selbst Jesus musste den Weg selbst gehen (nur in diesem Sinn kann man davon sprechen, dass Gott seinen Tod «verlangte»). Jesus nennt sein Ziel das Schicksal des «Menschensohns» (Markus 8,31), und er scheint sehr klar zu erkennen, dass er es stellvertretend für uns alle erfüllt (Markus 10,39), statt herumzulaufen und zu sagen: «Ich bin Gott!» Das einzige Mal, dass Jesus jemanden als «Satan» bezeichnet, ist, als Petrus sich gegen diese zentrale Botschaft von Tod und Auferstehung zu stellen versucht (Matthäus 16,23).

Der Tanz von Odem und Lehm

Der gesamte Prozess von Leben, Sterben und neuem Leben beginnt damit, dass JHWH dem Lehm seinen Odem einhaucht, sodass daraus ein lebendes Wesen wird (Genesis 2,7): *Adam* («aus Erde gemacht»). Damit ist ein fortwährendes Drama in Gang gesetzt zwischen dem Atem und dem, was bloßer Lehm zu sein scheint *(humus* = human = *adama)*. Materie und Geist sind für immer miteinander verbunden; Göttliches und Sterbliches durchdringen sich auf ewig und bringen einer das andere zur Erscheinung. Der Gestaltlose nimmt in der Person Adams (und Jesu, des «neuen Adam») für immer Gestalt an und nimmt uns wieder mit zurück ins Gestaltlose, indem *jede Gestalt in einem schmerzhaften Prozess das kleine Selbst aufgibt, das es für eine Weile gewesen ist.* «Ich komme wieder und nehme euch zu mir, damit auch ihr seid, wo ich bin», sagt Jesus (Johannes 14,3). Die Veränderung der Gestalt wird Auferstehung genannt, die Rückkehr Himmelfahrt, obwohl sie für uns aussieht wie Tod.

Buddhisten betrachten dasselbe Geheimnis aus einem anderen Blickwinkel, wenn sie sagen: «Gestalt ist Leere und Leere ist Gestalt» und alle Gestalten irgendwann in die Gestaltlosigkeit (Geist oder «Leere») zurückkehren sehen. Das kann man beobachten, auch ohne religiöse Etiketten. Christen nennen diesen Prozess Inkarnation, Tod, Auferstehung und Himmelfahrt, und er vollzieht sich immer und überall an uns allen und an der Schöpfung. Individuen kommen und gehen zurück zu Gott, in den Grund allen Seins. Diese zyklische Ganzheit sollte uns furchtlos dem Tod gegenüber machen und fähig, das Leben zu schätzen. «Bei Gott sind alle Menschen lebendig», sagt Jesus in dem Zitat zu Beginn dieses Kapitels. Wir sind nur auf unterschiedlichen Stufen lebendig, und eine dieser Stufen fühlt sich an wie der Tod.

So verborgen das Wahre Selbst für das Falsche Selbst ist, so verborgen war der auferstandene Christus auch während eines Großteils der Geschichte. Es sollte uns nicht überraschen, dass wir nicht sehen können, worauf wir nicht hingewiesen oder aufmerksam gemacht wurden. Wenn wir überhaupt auf etwas hingewiesen wurden, dann auf ein göttliches Objekt außerhalb unserer selbst, statt zu begreifen, dass das göttliche Objekt auch in uns ist. Diesen tastenden Perspektivwechsel sollte das Evangelium zuwege bringen, und auch ich bemühe mich hier darum. Diese Erkenntnis ist das Herzstück aller religiösen Verwandlung oder Transformation *(trans-formare: die Form, die Gestalt verändern)*.

Der auferstandene Christus steht für die endgültige Perspektive jedes Wahren Selbst: ein menschlich-göttliches Selbst, das auf Gott blickt und dabei weiß, dass es *Gott-in-uns* ist, der *Gott, der auch außerhalb von uns ist,* erkennt, und das *beide, sich selbst und Gott, als gut und vereint genießt.* Nichts, was ich in diesem Buch noch sagen werde, ist besser oder wichtiger als dieser Satz. Er sollte und könnte Ihr Leben verändern.

Unsere Bestimmung

Die Auferstehung ist das logische, vollständige Endergebnis der Inkarnation. Sie zeigt, dass diese Welt, dieses Fleisch, diese Körperlichkeit Teil der ewigen Wahrheit sind und Gott in Ewigkeit am Herzen liegen. Auch hier hat die frühe Kirche mehr begriffen als wir heute. Lesen Sie zum Beispiel den heiligen Irenäus oder den heiligen Athanasius mit ihren klassischen Texten aus dem 2. und 4. Jahrhundert.[50] *Auferstehung* besagt, dass Materie und Geist seit dem ersten Augenblick des Urknalls zusammenwirken. Auferstehung ist kein Wunder, das man beweisen muss, es ist die Offenbarung der Ganzheit, die wir alle erfahren sollen, schon in dieser Welt: Zeit nicht als Summe «chronologischer Abläufe von endloser Dauer», sondern Zeit als der Augenblick, der das Ganze offenbart.[51] Wenn die Zeit «erfüllt ist» wie in Augenblicken der Liebe, der Geburt eines Kindes, der Vereinigung, des friedlichen Sterbens oder der Schönheit, dann erleben Sie einen Augenblick ewigen Lebens. Auferstehung vollzieht sich, wenn ein Augenblick die Bedeutung aller Augenblicke enthüllt. Ohne solche Augenblicke wird es sehr schwierig für Sie, sich Auferstehung «vorzustellen», oder aber Sie sehnen sich danach wie niemand sonst (was wir kurz und präzise als «Hoffnung» bezeichnen).

Der auferstandene Christus ist das beständige Bild der Menschheit in ihrer ganzen endgültigen Bestimmung. Er ist die Verheißung, die Garantie dessen, was Gott mit all unseren Kreuzigungen tun wird. Endlich können wir sinnvoll leben und Hoffnung haben. Das Universum ist kein absurder oder tragischer Ort mehr. *Unsere Verletzungen werden zur Heimat unserer größten Hoffnungen*. Ohne eine solche eingepflanzte Hoffnung ist es sehr schwierig, in der zweiten Lebenshälfte nicht zynisch, bitter oder müde zu werden.

Es ist kein Zufall, dass Jesus in der Auferstehungserzählung im Lukasevangeliums sagt: «Ich bin kein Geist! Ich habe Fleisch und Knochen, wie ihr seht» (Lukas 24,39–41). Zu Thomas sagt er: «Leg deinen Finger in meine Wunden» (Johannes 20,27). Mit anderen Worten: «Ich bin menschlich!» Und das heißt, er ist verletzt und auferstanden zur gleichen Zeit. Er kehrt in seinen physischen Körper zurück und ist jetzt doch unbegrenzt durch Raum und Zeit und ohne Bedauern oder Schuldzuweisungen – während er noch die Wunden trägt.

(Bezeichnenderweise verschwinden sie auch nicht.) Was für eine Meisterleistung, diese ganze Botschaft so subtil und raffiniert zu kommunizieren! Nur das Symbol besitzt diese Macht. «Unsere Wunden sind unsere Herrlichkeit», formuliert Juliana von Norwich die ganz und gar gegen unsere Intuition gerichtete Botschaft des auferstandenen Jesus.

Das Wichtigste daran ist, dass Jesus die menschliche Sphäre nicht verlassen hat; er offenbart das Ziel, die Fülle und den Zweck der Menschheit selbst, nämlich «damit ihr ... an der göttlichen Natur Anteil erlangt» (2 Petrus 1,4), selbst in dieser verletzten und verletzenden Welt! Ja, die Auferstehung sagt etwas über Jesus aus, aber sie sagt auch eine Menge über uns – was wir noch schwerer glauben können. Sie sagt über uns, dass auch wir größer sind als das Leben, das Sein selbst, und deshalb für etwas Gutes, Gemeinschaftliches und Schönes gemacht. Unser Codewort für dieses Etwas ist «Himmel».

Wenn wir das Symbol der Auferstehung und seinen Inhalt absolut ernst nehmen, dann trägt uns das weit über die nackte wörtliche Bedeutung hinaus, mit der sich Atheisten und Fundamentalisten abmühen. Auferstehung muss nicht einmal ein «ewig andauerndes Leben in unserer jetzigen Gestalt oder in der Zukunft» bedeuten; stattdessen könnte auch ein «gegenwärtiges Leben von ewiger Bedeutung» gemeint sein. Aber sicher ist ein Leben in Güte und Liebe gemeint, denn beide haben eine «ewige» Qualität! Für viele von uns ist es ein Leben als von Gott angenommene Söhne und Töchter, in dem wir am «göttlichen Erbe» Jesu teilhaben oder «Erben derselben Verheißung» sind – Metaphern, die Paulus sehr wirkungsvoll einsetzt. Es stimmt mich traurig, dass in der Geschichte des Christentums diese Metaphern so lange gelesen werden konnten ohne die innere Erfahrung, zu wissen, dass sie tatsächlich wahr sind – und wahr für *uns*.

Welche Definition Sie auch immer haben, wir alle wünschen uns Auferstehung in irgendeiner Form. Und ich glaube, die «Auferweckung Jesu» (was eigentlich der theologisch korrektere Begriff ist, denn es geht um ein Beziehungsgeschehen zwischen Jesus und Gott und kein selbstgemachtes «ich kann das») ist nach wie vor eine machtvolle, gebündelte und überwältigende Aussage über das, *was Gott mit dem Universum und mit der Menschheit tut* – immer noch und ewig. Die Naturwissenschaft bestätigt diese Aussage heute mehr denn je, nur mit anderen Metaphern und Symbolen: Kondensation, Verdampfung, Winterschlaf, Sublimation, die vier Jahreszeiten, die Lebenszyklen aller Dinge von den Lachsen bis zu den Galaxien und selbst der ständige Tod und die Geburt von Sternen aus dem immer gleichen Sternenstaub. *Gott scheint ständig alles aufzuerwecken.* Daran muss man nicht glauben, das kann man beobachten und davon lernen.

Viele, auch ich, glauben an die leibliche Auferstehung, aber auf eine Weise, die wenig mehr verlangt als die intellektuelle Bestätigung einer religiösen Lehre. Wir können aber viel weiter gehen. Ich will an eine Art leiblicher Auferstehung glauben, weil sie das ganze Mysterium in dieser materiellen, irdischen Welt ansiedelt, in unserem eigenen Körper, der einzigen Welt, die wir kennen, der Welt, die Gott erschaffen hat und liebt. Wie so oft sieht die religiöse Tradition die Dinge intuitiv richtig, selbst wenn sie die Intuition dann in einer Sprache und in Symbolen vermittelt, gegen die viele Menschen sich sträuben. Wenn wir hinter die Sprache und die Symbole blicken, können wir das wunderbare Kind behalten, selbst wenn wir das Badewasser nicht mögen, in dem es schwimmt.

Wir alle wollen wissen, dass dieses wunderbare Ding namens Leben sich auf ein Ziel zu bewegt, an einen guten Ort. Vielleicht sogar an einen wahrscheinlichen Ort. Und es bewegt sich an einen guten Ort, weil es von einem guten Ort kommt, von einem Ort des «Ursegens» und nicht der «Ursünde».[52] «Ich weiß, woher ich komme und wohin ich gehe», sagt Jesus. «Ihr wisst es nicht» (Johannes 8,14). Alpha und Omega müssen irgendwie zusammenpassen, sonst hätte unser Leben keinen natürlichen Bogen, keine Flugbahn und keine organische Bedeutung. Wenn die ursprüngliche Inkarnation wahr ist und war, dann ist die Auferstehung sowohl unvermeidlich als auch unumkehrbar. Wenn der Urknall der äußere Anfang des ewigen Christusmysteriums war, dann wissen wir, dass der ewige Logos die Schöpfung an einen guten Ort führt und dass wir nicht in einem chaotischen, bedeutungslosen Universum leben. Niemand hat das besser gelehrt als der jesuitische Mystiker und Paläontologe Teilhard de Chardin. Wenn Sie eine wirklich kosmische und hoffnungsvolle Vision kennenlernen wollen, lesen Sie seine Werke. Am Morgen des Ostersonntags 1955 fiel er in den Straßen der säkularen Stadt New York tot um – ein perfektes Timing.

Der einzige – ziemlich große – Haken ist, dass zwischen unserem irdischen und dem ewigen Leben Verwandlung und «Kreuzigung» stattfinden müssen. Im gesamten physikalischen und biologischen Universum ist es so: Erneuerung setzt Verlust voraus. Und an diesem Punkt sind wir alle mit Tasten, Straucheln und Kämpfen beschäftigt. Jemand muss persönlich vorangehen, den Weg bereiten und uns sagen, dass es ein «notwendiges Leiden» ist, sonst trauen wir diesem gegen unsere Intuition gerichteten Weg nicht. Für die Christen heißt dieser Jemand Jesus.

Da die Energie des Lebens von allem Anbeginn an über dem «Chaos» der Schöpfung schwebte (Genesis 1,1–2), spricht die katholische Tradition vom Heiligen Geist als der «unerschaffenen Gnade». Unerschaffen, weil der Geist seit Anbeginn der Zeit zur Entfaltung der göttlichen Gnade gehört (Römer 8,18–25). Der Schöpfung ist die Hoffnung eingepflanzt. Von innen nach außen, von Anfang bis Ende ist uns Erlösung verheißen. Heute nennen wir das Evolution. Die große Entfaltung des göttlichen Mysteriums umfasst alle vorhergehenden Stufen, nichts wird verschwendet oder weggeworfen – nicht einmal das Böse, der Tod oder die Sünde. (Genau aus diesem Grund gibt es in der Bibel auch Geschichten von Mord, Vergewaltigung, Verrat und Krieg.)

Irgendjemand ist mit dieser ganzen Sache namens Leben zu irgendeinem Ziel hin unterwegs. *Warum sollte der Schöpfer ein Universum erschaffen, in dem alle Teile wachsen und sich entwickeln, das Ganze aber nicht?* Gott ist zweifellos ein großer Freund des Risikos, was vielleicht die endlose, bizarre Entfaltung des Lebens auf dieser Erde erklärt. Gott ist ganz offensichtlich ein Freund von Freiheit, Fantasie und Kreativität. Sehen Sie sich die Natur an: Wir haben alle vorstellbaren Formen und Farben von Quallen, wir haben Wüstenkängurus, die aus ihrem Urin eine Nährflüssigkeit für ihre Jungen machen, und zweitausendfünfhundert Arten von Zikaden, von denen einige nur alle siebzehn Jahre überhaupt auftauchen. Wer ist dieser Gott? Man könnte ihn *die entfesselte Auferstehung* nennen! Menschen dagegen sind geradezu besessen von Stabilität, Effizienz und Kontrolle, selbst wenn Langeweile und Tod dabei herauskommen.

Sobald Sie wissen, dass die Schöpfung eine angeborene positive Richtung hat, können Sie sich dem grundlegenden Strom anvertrauen (Glaube), werden irgendwann lernen, sich darauf auszuruhen (Hoffnung), und schließlich wirklich den größten Teil des Tages dort verbringen (Liebe). Dann sind Sie endlich zu Hause in einem Universum, dem die Heiligkeit angeboren ist.

Das erste Prinzip großer spiritueller Lehrer ist relativ konstant: *Die große Wahrheit kann man nur der Liebe anvertrauen.* Alle anderen Haltungen werden die Wahrhaftigkeit umbringen oder verstümmeln. Menschen müssen erst ein gemeinsames Feld der Liebe finden und dann anfangen, von dorther zu denken. Alle Gebetsformen haben auf irgendeine Weise das Ziel, Kopf, Herz und Körper zur Zusammenarbeit zu bringen. Das verändert das Denken von Grund auf! «Die Konzentration der Aufmerksamkeit im Herzen ist der Beginn des Gebets», sagt der heilige Theophan der Einsiedler, ein russischer Mystiker des 19. Jahrhunderts. Wenn Ihre Erfahrung von irgendetwas anderem gesteuert wird, vom Verstand oder gar von einer rein intellektuellen Theologie, wird die Schönheit und heilende Kraft der großen Wahrheit irgendwann verzerrt und zerstört. Der Kirchenvater Evagrius Ponticus (345–399) hat gesagt, man könne kein Theologe sein, wenn man nicht beten könne, und nur betende Menschen könnten gute Theologen sein. Das ist sicher wahr.

Das zweite Prinzip ist vielleicht, dass die Wahrheit auf irgendeiner Ebene immer schön und heilsam für diejenigen ist, die sie ehrlich anstreben. Die große Wahrheit kann nicht einhergehen mit Zorn, Feindschaft oder Zwang, sonst wird die Botschaft zwangsläufig zerstört. Johannes Duns Scotus hat gut franziskanisch gelehrt, dass die wichtigste moralische Kategorie die Schönheit selbst sei – er nannte es die «Harmonie der Güte».[53] Das Gute, Vereinte und Wahre auf dieser Welt ist immer irgendwie schön, und schöne Seelen werden es sofort erkennen.

Der Zorn und die gegenseitige Missachtung, die ich sowohl unter konservativen als auch unter liberalen Christen heutzutage antreffe, sind deshalb ziemlich beunruhigend. Man fühlt sich eher an politische Ideologien, an links und rechts erinnert als an ein Eintauchen in die schöne Liebe Gottes. Dschihadismus und Zionismus sind für viele ehrliche Suchende auf der ganzen Welt zur Totenglocke jeder verbleibenden Schönheit in der Religion geworden. Es ist wirklich traurig, dass wir uns im Namen Gottes so weit zurückentwickeln konnten, obwohl er uns doch nach vorn führen will.

Das Gute, Wahre und Schöne sind stets die besten Argumente für sich selbst, durch sich selbst und in sich selbst. Eine solche Schönheit oder innere Stimmigkeit entspricht einem tiefen inneren Wissen, das die Seele wachruft und in die Einheit zieht. Inkarnation ist Schönheit, und Schönheit drängt immer zur Inkarnation. Alles wirklich Gute, alles, was uns durch seine Wahrhaftigkeit erschüttert, und alles, was uns in seine Schönheit hineinsaugt, erzieht uns nicht nur, sondern verwandelt uns. Wahre Religion schreitet voran wie das Programm der Anonymen Alkoholiker – «mehr durch Anziehung als durch Werbung», wie es in den *Zwölf Traditionen* heißt. Simone Weil hat es sehr schön gesagt: «Es gibt nur ein Vergehen: dass wir nicht fähig sind, uns von Licht zu nähren.»[54]

In meinen Augen ist die Auferstehung ein großes Neonschild, das die Geschichte vorwärtslockt und einlädt, hin zu ihrem sicheren Endergebnis. Der auferstandene Christus ist, wie Teilhard de Chardin ihn einmal zu beschreiben versuchte, die göttliche Verlockung, ein blinkendes, strahlendes Licht am Omega-Punkt von Zeit und Geschichte, das uns immer wieder zuruft: Die Liebe ist ewig, nicht der Tod! Die Liebe ist nichts anderes als endloses Leben, das uns lockt, denn die Liebe ist das, *was wir schon sind,* und wir werden zur Fülle unseres Seins hingezogen. Denken Sie daran: Gleich und Gleich gesellt sich gern. Wie eine elektromagnetische Kraft zieht die

Liebe unsere Welt in die Fülle der Liebe. Am Ende werden wir keine Wahl haben: Die Liebe siegt auf jeden Fall und immer.

So wie unsere Erfahrung eingerichtet ist, werden *Selbsterkenntnis und Gotteserkenntnis als dasselbe Wissen erfahren werden und auf dieselbe Weise parallel voranschreiten.* Es gibt eine klare Übereinstimmung zwischen menschlicher und göttlicher Nähe, die wir im achten Kapitel noch genauer besprechen werden. *Die Art, wie wir etwas wissen, gilt für alles, was wir wissen.* Mit dieser Erkenntnis kommen wir viel tiefer in unsere Diamantenmine hinein. Paulus sagt dasselbe: «Dann aber werde ich ganz erkennen, so wie auch ich ganz erkannt worden bin» (1 Korinther 13,12). Und Johannes schließlich (1 Johannes 3,2) verlegt alles ans Ende der Zeit: «Wir wissen, dass wir, wenn es offenbar sein wird, ihm ähnlich sein werden.» Und: «Euer Leben ist mit Christus in Gott verborgen» (Kolosser 3,3).

Ihre Erfahrung des tiefsten und wahrsten Selbst und Ihre tiefsten Gotteserfahrungen werden sich gegenseitig als wahr bestätigen und als gut. Sie werden jedoch nicht in die Tiefe gehen ohne die Messerschneide der eigenen ehrlichen Erfahrung, die Sie in beide Richtungen öffnet. Sie haben nichts zu befürchten, solange Sie nicht schon mit Furcht, Anklage und Vorurteilen anfangen oder damit enden.

«Denn voll Leben ist Gottes Wort und voll Kraft und schärfer als jedes zweischneidige Schwert; es dringt durch bis zur Scheidung von Seele und Geist, von Gelenk und Mark, und ein Richter ist es über Gedanken und Gesinnungen des Herzens» (Hebräer 4,12). Das ist tatsächlich die Messerschneide der Erfahrung.

Fünftes Kapitel

Das bist du

> Den Raum, den Gott in unserer Seele einnimmt, wird
> er nie verlassen, denn in uns ist sein liebstes Zuhause,
> und es ist ihm ein Entzücken, sich dort aufzuhalten …
> Die Seele, die sich in diesen Gedanken versenkt, ist eins
> mit dem, in den sie sich versenkt.
>
> *Juliana von Norwich*

> An jenem Tag werdet ihr erkennen, dass … ihr in mir
> seid und ich in euch.
>
> *Johannes 14,20*

Der Tag der vollständigen Vereinigung, von dem bei Johannes die Rede ist, wird schon seit langer Zeit erwartet, ist aber in unterschiedlichen Formulierungen die dauerhafte Botschaft jeder großen Religion unserer Geschichte. Er entspricht der ewigen Tradition. Trotzdem gilt die Vereinigung mit Gott nach wie vor als esoterisch, mystisch, weitgehend als eine Frage der Moral und nur wenigen überhaupt möglich, als würde Gott sich zieren. Trotzdem ist die Einheit mit Gott und durch ihn mit allem noch immer das Herzstück der Botschaft, das Versprechen, das ganze Ziel und der zentrale Punkt jeder Religion.

Es gibt keinen Ort außer in Gott. Es gibt keine Zeit außerhalb Gottes. Gott ist die Schönheit in aller Schönheit. Wer Freundschaft mit Gott zulässt, der genießt Freundschaft mit Gott. So einfach ist das. Wir sind, wonach wir suchen, und deshalb suchen wir danach. Gottes Leben und Gottes Liebe durchströmen Sie, sobald Sie bereit dazu sind. Das ist die Kernbedeutung des Glaubens: Vertrauen wagen, dass Gott ewiges Mitgefühl mit Ihnen haben kann und will – und dass er es hat. Die Menschen, die Jesus darum baten, sie zu heilen, vertrauten ganz einfach darauf, dass er sich um sie kümmern würde. Und damit floss die Liebe, und sie wurden geheilt. Weitere Vorbedingungen hat es niemals gegeben. Das ist eigentlich ziemlich erschreckend.

Wenn Sie das Göttliche suchen, haben Sie schon Kontakt mit dem Göttlichen in Ihnen aufgenommen. Wenn Sie keinen Kontakt mit dem Göttlichen in sich haben, finden Sie jede Vorstellung einer spirituellen Suche vermutlich langweilig. Aber wenn es diesen Kontakt gibt, dann werden Sie überall danach suchen und ihn auch überall finden. Die moderne Trennung von Göttlichem und Menschlichem scheint auf «Unvereinbarkeit» und «unüberbrückbaren Differenzen» zu beruhen. Die Religion selbst trägt den größten Teil der Verantwortung für diese Trennung, indem sie tatsächlich den Abstand zwischen Gott und der Menschheit vergrößert, statt stolz zu verkünden, dass das Problem bereits gelöst und die wahrgenommene Kluft von Anfang an überwunden ist: «Denn in ihm hat er uns erwählt vor der Grundlegung der Welt» (Epheser 1,4).

Jesus hat sein göttlich-menschliches Dasein voll und ganz angenommen und mit Freude gelebt. «Ich und der Vater sind eins», hat er gesagt (Johannes 10,30) und damit seine jüdischen Zeitgenossen schockiert, weil er ja aussah wie einer von ihnen. Kein Wunder, dass sie ihn der Gotteslästerung bezichtigten und Steine ergriffen, um ihn zu töten (Johannes 10,33). Sie wissen jedoch hoffentlich, dass es für Christen ausdrücklich falsch ist, einfach zu sagen: «Jesus ist Gott», obwohl so normalerweise gedacht wird. Aber damit verpasst man den wichtigsten Punkt und das Ziel der ganzen Inkarnation. Jesus ist nicht per se gleichzusetzen mit Gott, denn Gott ist für uns die Dreieinigkeit. Viel besser und korrekter wäre es zu sagen, dass Jesus *die Vereinigung zwischen Gott und der Menschheit ist.* Das ist ein Drittes, an dem teilzuhaben wir tatsächlich eingeladen sind. Sobald wir Jesus *ausschließlich* göttlich sehen, bleiben wir *ausschließlich* menschlich, und der ganze Transformationsprozess der Menschheit kommt knirschend zum Stehen! So funktioniert dualistisches Denken, muss ich leider sagen.[55] Für einige von Ihnen könnten dies hier die wichtigsten Absätze in diesem Buch sein.

Wenn wir versuchen, Jesus außerhalb der Dynamik der Dreieinigkeit zu verstehen, tun wir weder ihm noch uns einen Gefallen. Jesus hat sich selbst nie als unabhängiges «Ich» gesehen oder so gewirkt, sondern immer als «Du» in Beziehung zu seinem Vater und dem Heiligen Geist, das sagt er auf hundert verschiedene Weisen. Der «Vater» und der «Heilige Geist» sind eine Beziehung zu Jesus. *Gott* ist eher ein Verb als ein Substantiv. Gott ist Liebe, das bedeutet Beziehung (1 Johannes 4,7–8).

Das Christentum hat seine natürliche Bewegung und seinen Schwung – ausgehend von dieser Beziehung und in diese Beziehung zurück – verloren, als es Jesus aus der Dreieinigkeit herausgezogen hat.[56] Es hat seine aufregendste innere Erfahrung getötet und die Mystiker, die tatsächlich mitten auf der Bühne stehen sollten, an den Rand gedrängt. Jesus ist Modell und Metapher aller Schöpfung, die in seinen Strom der Liebe hineingezogen wird, deshalb sagt er auch immer wie-

105

der: «Folge mir!» und: «Ich komme wieder und werde euch
zu mir nehmen, damit auch ihr seid, wo ich bin» (Johannes
14,3). Der konkrete, historische Leib Jesu repräsentiert den
universellen Leib Christi, den Gott «vor der Erschaffung der
Welt geliebt» hat (Johannes 17,24). Er ist unser aller Stellver-
treter! Die Jesus-Geschichte ist mit anderen Worten die Geschichte des Universums. Seine Einheit mit Gott, die Jesus
nie bezweifelt, gibt er an uns weiter, damit auch wir niemals
daran zweifeln. (Das ist, ganz einfach gesagt, die Bedeutung
davon, «an Jesus» zu glauben.)

Die spirituelle Weisheit der Einheit mit Gott wird zum ers-
ten Mal sehr schön in den vedischen Schriften (der ältesten
Quelle des Hinduismus, etwa dreitausend Jahre alt) zum Aus-
druck gebracht, und zwar in einem der vier «Großen Sätze»
(Mahavakya). Im Sanskrit lautet der Satz «Tat Tvam Asi» – ein
Gedanke, der so stark kondensiert ist, dass ich verschiedene
mögliche Übersetzungen hier aufschreibe, damit Sie wissen:
Wie auch immer Sie ihn übersetzen oder übersetzt hören, er
ist immer wahr und gehört zur ewigen Tradition jeglicher
Religion:

DU bist das!

Du BIST, was du suchst!

Das bist DU!

DAS bist du!

Du bist ES!

Gemeint ist, dass das Wahre Selbst in seiner ursprünglichen,
reinen, uranfänglichen Form ganz oder teilweise mit Gott
identifizierbar oder gar identisch ist, mit der letzten Wirklichkeit, dem Grund und Ursprung aller Erscheinungen. Das,
wonach wir uns sehnen, das sind wir. Tatsächlich kommt unser Sehnen daher.

Die Sehnsucht nach Gott und unserem Wahren Selbst ist ein und dieselbe Sehnsucht. Und die Mystiker würden sogar sagen, dass es Gott ist, der sich in uns und durch uns sehnt: durch die göttliche Einwohnung oder den Heiligen Geist. Gott hat eine natürliche Neigung und Verlockung zwischen sich und allen seinen Geschöpfen erschaffen. Das Begrenzte und das Grenzenlose könnten sich sonst ja unmöglich vereinen; das Endliche und das Unendliche könnten niemals zu einer Einheit versöhnt werden.

Die Religion hat nur eine Aufgabe, nur eine einzige: aus zweien eins zu machen. Für Christen ist es das «Christusmysterium», durch das, wie wir glauben, Gott die Kluft von sich aus überwunden hat. Gott erledigt die ganze Arbeit, er hebt die schweren Lasten und weckt die Sehnsucht. Manche nennen das «vorausgehende Gnade»[57], was den Sachverhalt ganz gut trifft. Das tiefste menschliche Bedürfnis, die tiefste menschliche Sehnsucht überwindet die Trennung, den Abstand zwischen mir und dem, was immer «da drüben» oder «jenseits» zu liegen scheint: jenseits wie ein perfekter Liebhaber, wie ein Augenblick der Perfektion in Kunst, Musik oder Tanz und ganz sicher wie ein transzendenter Gott.

Und doch sagt Gott in allen Inkarnationen: «Ich bin nicht ganz anders. Ich habe etwas von mir in dich eingepflanzt, das sich nach Vereinigung sehnt.» Erotisches Begehren und die sexuelle Vereinigung bei allen Lebewesen sind Nachahmung und Spiegel dieser Sehnsucht, weshalb das Hohelied, Rumi, Hafis, Kabir und Johannes vom Kreuz so hocherotische Bilder benutzen konnten, um ihre Mystik zu vermitteln. Wenn etwas oder jemand absolut anders ist, entsteht daraus nur absolute Entfremdung! (Denken Sie sich dazu irgendeine Vorstellung von Gott als kleinlich, zornig oder quälend, und die mystische Reise ist zu Ende.) Gott hat Menschlichkeit und Mitgefühl in dem menschlichen Jesus erschaffen, um diese tragische Kluft zu überbrücken. Gott-in-uns sucht und liebt Gott wie ein Navigationssystem, das niemals abgeschaltet wird.

Es sollte uns nicht schockieren oder überraschen, dass Sex der Besessenheit so nahe kommen kann, so Furcht einflößend und zugleich faszinierend ist. Es ist die dramatischste Art für uns alle, unsere Trennung zu überwinden. Der französische Begriff für die Rückkehr in die Trennung nach dem Sex ist *la petite mort,* der kleine Tod. Das Gute, Wahre und Schöne stehen immer jenseits und außerhalb meiner selbst, irgendwo über mir. Wir alle fühlen uns unfähig und unwürdig zur Vollkommenheit, und nach jeder augenblickskurzen Erfahrung von Vereinigung fallen wir traurig in die vertraute Distanz zurück. Aber wir versuchen es weiter, und das ist gut so. Selbst unsere ungeschickten amourösen Versuche geben uns hier und da einen Vorgeschmack und ein Versprechen, und es bringt nicht viel, sie immer als «Sünden» zu bezeichnen. Gott verschwendet nichts und wird alles einbeziehen, selbst unsere ungeschickten Versuche zu lieben, um uns zur Einheit mit Gott und uns selbst zu tragen.

Re-ligio – wörtlich: Rückbindung – erfüllt ihren Zweck nicht, wenn sie Sie nur an die Distanz, an die Unwürdigkeit, Sündhaftigkeit und Unzulänglichkeit gegenüber Gottes Größe erinnert. Wann immer Religion die Kluft eher vergrößert, wird sie zur Anti-Religion. Und ich fürchte, in allen Konfessionen gibt es jede Menge Anti-Religion. Ich hatte immer den Eindruck, dies sei die Bedeutung des ersten «unreinen Geistes», auf den Jesus traf und den er austrieb: Beachten Sie bitte, dass dieser unreine Geist ausgerechnet in einer Synagoge lebte (Markus 1,21–28). Ich spreche also nicht über die Teufel des Säkularismus, Szientismus oder Atheismus, sondern über die ganz normalen Blockaden und Abgrenzungen innerhalb der Religion selbst – über alles, was bewusst die Kluft zwischen meiner Unwürdigkeit und der «höchsten Majestät» Gottes vergrößert, eben jene Kluft, die Jesus zurückzuweisen und zu schließen in diese Welt gekommen ist. Dieses Erschaffen von Distanz zwischen Gott und der Schöpfung ist nämlich tatsächlich teuflisch (von *diabolos,* griechisch für «der durcheinanderwirft»), und Jesus nennt es auch so. «Weh euch, … ihr Heuchler! Ihr verschließt das Himmelreich vor den Menschen. Denn ihr selbst kommt nicht hinein und die, die hineinwollen, lasst ihr nicht hinein» (Matthäus 23,13). Ich hätte sicher Angst und würde zögern, es so zu nennen, hätte Jesus es nicht als Erster gesagt. Aber er hat es als Erster gesagt, und Paulus ist ihm gefolgt. Beide warnen uns vor jeder Vorstellung von Religion als reiner Ansammlung von Gesetzen, Forderungen und Reinheitsgeboten. Doch genau darum geht es in den Religionen bis heute. Wir haben Jesus in unsere «konventionelle Klugheit» hineingezogen und ihm selten gestattet, der Lehrer einer alternativen Weisheit zu sein, die schon immer da war.[58]

Die üblichen Umwege und Sackgassen

In den Religionen ist der Moralismus der gebräuchlichste Ersatz und die übliche Nachahmung der Mystik. Moralismus im Gegensatz zur gesunden Moral ist unser Sich-Verlassen auf weitgehend nebensächliche Reinheitsgebote, magische Rituale und Forderungen im Hinblick auf unsere angebliche Erleuchtung, «Erlösung» oder jegliche Form der Überlegenheit. Jede Gruppe und jedes Individuum verlässt sich zunächst auf Moralismus. Es scheint, als würden wir fast alles tun, nur um uns keiner radikalen Verwandlung *an Herz und Verstand* unterziehen zu müssen. Ich vermute, das wäre dann *la grande mort*, ein Tod, der uns zu groß scheint. Aber in einer reifen Religion geht es um die eine große Verwandlung, nicht um die vielen kleinen Änderungen. Aber kleine Veränderungen und Justierungen hier und da sind natürlich viel einfacher.

Paulus stellt den Unterschied perfekt dar, wenn er zu den frühen Christen jüdischer Herkunft sagt: «Denn weder Beschneidung noch Unbeschnittenheit gilt etwas, sondern eine neue Schöpfung» (Galater 6,15). Und dabei ist zu bedenken, dass die Beschneidung für Juden so wichtig ist wie die Taufe für Christen. Die Einheit mit Gott hat nichts mit persönlicher Vervollkommnung zu tun; es geht hier um ganz unterschiedliche Wege. Der heilige Irenäus von Lyon, den man den ersten christlichen Theologen nennt, hat einmal gesagt: «Er wurde Mensch, damit wir göttlich werden.»[59] Das, Schwestern und Brüder, ist das Thema! Nicht Beschneidung oder Taufe. Denken Sie an die christlichen Konfessionen, die sich über das Wer, Wann, Wo, Wie, über Begriffe, Wassermengen und die Person des Taufenden entzweit haben. Meines Wissens wurden weder Abraham noch Mose, weder der heilige Josef noch die selige Jungfrau Maria jemals getauft. Sie wurden nur verwandelt.

Mit *Moralismus* meine ich die Techniken und Rituale einer privaten Perfektionierung. Moralische Leistungen werden zwangsläufig zum Köder, der vor uns hergetragen wird: weitgehend nebensächliche, aber halb wahre Ideale, die immer ein Stückchen weiter sind als wir. Durch sie wird jede Erfahrung der Einheit unmöglich, und das ist das Problem (wie Römerbrief und Galaterbrief laut und deutlich erklären). Im Übrigen können Sie heutzutage ganz unabhängig «gut» sein, ohne die Liebe Gottes oder von irgendjemand sonst. Die Schwerpunkte dessen, was als «moralisch» gilt, wechseln von einem Jahrhundert zum anderen und abhängig von der jeweiligen

Kultur. Es gab Zeiten, da ging es darum, «mit den Heiden zu essen» (Galater 2,12). Im frühen Mittelalter war es der Wucher (also das Ausleihen von Geld gegen Zinsen, womit wir heute kein Problem mehr haben). Katholiken beichten immer noch hauptsächlich, dass sie am Sonntag die Messe geschwänzt haben (obwohl es weiß Gott größere Sünden gibt, die wir stillschweigend übersehen). Heute geht es vor allem um Abtreibung und gleichgeschlechtliche Partnerschaften. Was wohl im nächsten Jahrhundert kommen wird?

Die moralistische Agenda wird durchschaubar, weil wir nie rein genug, heilig genug, moralisch genug oder in genügendem Maße Insider einer Gruppe sind. Dieser Vorgang des «Sündenmanagements» erhält uns Geistlichen unsere Arbeitsplätze – und langweilt Gott vermutlich zu Tode, wenn man bedenkt, wie wenig bei unserem Moralisieren herauskommt. (Ich bin erst zweimal in meinem Leben das Opfer von Taschendieben geworden, beide Male in frommen katholischen Ländern: im Bus zum Petersdom in Rom und vor einem Marienschrein auf den Philippinen. Nie habe ich mich sicherer gefühlt als auf den Straßen in Indien und Japan.)

In einer moralistisch orientierten Welt gibt es immer klare Außenseiter, die auch klar draußen gehalten werden müssen. Solange man sich in dieser falschen moralischen Reinheit versteckt, kann man Dinge wie Sklaverei, Sexismus, die Gier christlicher Kaiser, Geistlicher und Bürger, Pädophilie, Eroberungsfeldzüge, Unterdrückung von Urbevölkerungen, Habsucht und Krieg leicht übersehen. Und das ist, wenn man einen Blick in die Kirchengeschichte wirft, nicht übertrieben. Wir haben uns bisher nicht besonders intensiv mit irgendeiner tieferen Jesus-Spiritualität beschäftigt, sondern mit «Kirchentum» (wie man es ungeduldig nennen könnte). Wir Katholiken mussten die Heiligen kanonisieren, weil sie die seltene

Ausnahme waren und nicht die Regel. Im Gegensatz zu dieser Praxis nennt das Neue Testament generell alle Christen «Heilige».

Das Gute an einer inkarnatorischen Religion und einer vom Heiligen Geist inspirierten Moral ist, dass man nicht durch äußere Belohnungen oder Strafen motiviert wird, sondern indem man selbst vom Inneren des Mysterium ausgeht. Dazu sind Köder weder notwendig noch hilfreich. «Denn Gott ist es, der in euch ebenso das Wollen wie das Vollbringen schafft», heißt es im Philipperbrief (2,13). Nicht unser regelkonformes Verhalten, sondern unsere tatsächliche Identität muss erst einmal radikal verändert werden. Es geht um eine große Verschiebung des Standpunkts und des Blickwinkels. Wir tun Dinge, weil sie wahr sind, nicht weil wir müssen oder weil wir irgendeine Strafe fürchten. Von diesem Moment an werden wir nicht mehr so sehr *von außen getrieben* (das wäre die Methode des Falschen Selbst), sondern *von innen her gezogen* (die Methode des Wahren Selbst). Der Antrieb liegt in uns, nicht in einer äußerlichen Peitsche oder Drohung.

Vor der Verwandlung beten Sie zu Gott. Nach der Verwandlung beten Sie *durch* Gott, wie es die christlichen Liturgien immer sagen, aber selten verstehen: «Durch Christus, unseren Herrn. Amen!» Vor der radikalen Bekehrung suchen Sie nach Gott, als wäre er ein Objekt wie alle anderen. Nach der Bekehrung (oder nennen Sie es Umkehr) sehen Sie die Dinge von Gott aus, mit anderen Augen als bisher. Oder, wie Meister Eckhart es ausdrückte: «Das Auge, durch das ich Gott sehe, ist dasselbe Auge, durch das Gott mich sieht. Mein Auge und Gottes Auge sind eins: ein Sehen, ein Erkennen, eine Liebe.» Alles, was Menschen tun können, ist: Gott gestatten, den Kreis in uns zu schließen – damit wir beide aus dem gleichen Blickwinkel sehen.

Jeder Blickwinkel und Standpunkt ist ein Blick von einem Punkt aus, und dieser Punkt wird von Gott vollkommen verändert. Nur dann lässt sich die Kluft überbrücken, und zwar sehr wirkungsvoll. Wenn wir so sehen können, dann wissen wir, dass wir aus unserem Wahren Selbst heraus leben. Wenn Ihr «Ich» sich verändert, regelt sich der Rest Ihres Lebens von selbst, und zwar auf ganz wunderbare Weise. Pseudo-Makarius, ein syrischer Mystiker aus dem 4. Jahrhundert, hat etwa Folgendes gesagt: Nachdem wir von Gott gefunden wurden, stehen wir nur noch da und schauen. In der zweiten und dritten Woche meines Einsiedlerlebens während der Fastenzeit mache ich lange Spaziergänge, höre auf zu denken und sogar zu fühlen und schaue nur noch. Dann sehe ich alles in klaren Farben, Formen und Texturen, und dies in äußerster Dankbarkeit und Harmonie. Ein Schauen mit weit offenen Augen, ohne jeden Kommentar. Reine Achtsamkeit ohne Gedanken. Dann kann ich schreiben und habe auch in der Predigt etwas zu sagen.

Ein Geheimnis der Teilhabe

«Alles wird als Gesamtbild gesehen, meine ich, nicht dem Wesen nach freilich, sondern in der Teilhabe daran. Du entzündest nämlich an einem Feuer ‹ein anderes› und erhältst das gesamte Feuer, jenes aber bleibt ungeteilt, ohne Verlust, wie zuvor», sagt der heilige Symeon, der Neue Theologe (949–1022).[60] Er steht für das Beste aus der älteren Tradition der orthodoxen Christenheit und ist dabei ganz «heutig». Er ist einer der wenigen Heiligen, von denen man sagt, er habe «Gott ins Gesicht gesehen» wie Mose (Exodus 33,11) und Jakob (Genesis 32,31), die übrigens beide keine großen moralischen Vorbilder waren – aber das nur nebenbei. Diese zutiefst fehlerhaften biblischen Gestalten, die Gott trotzdem für seine Zwecke benutzt, sollten uns zeigen, dass Teilhabe an Gott und perfekte Moral nicht gleichzusetzen sind. Tatsächlich geht Meister Eckhart so weit zu sagen: «Die beste Möglichkeit für einen Menschen, Gott zu finden, ist der Blick an den Ort, an dem er Gott verlassen hat.» Gott wartet in der Erfahrung des Scheiterns.

Ein Teil der aufregendsten und fruchtbarsten Theologie heutzutage lässt sich als «Umkehr zur Teilhabe» zusammenfassen.[61] Religion als Teilhabe ist aber auch eine Wiederentdeckung der ewigen Tradition, von der Plotin, Leibniz, Watts, Huxley und viele andere Heilige und Mystiker auf ihre je eigene Weise gesprochen haben. Sie erkennt immer wieder an, *dass wir eher ein Teil von etwas sind, als dass wir es von außen beobachten.* In der Umkehr zur Teilhabe wird klar, dass der größte Teil der Religions- und Kirchengeschichte sich viel zu sehr mit religiösen Ideen beschäftigt hat, die man richtig oder falsch finden konnte. Solange es nur um Ideen ging, musste man kein Teil *davon* sein, sondern nur korrekt *darüber* reden. Man musste nicht eintauchen und erkennen, dass der spirituelle Beweis im Tun liegt. Man musste nicht wirklich nach Russland reisen; die korrekte Russlandkarte reichte schon, verbunden mit der Bereitschaft zu sagen: «Meine Karte ist besser als deine» oder eher: «Ich habe die einzig wahre Karte», ohne irgendeinen schlagenden Beweis zu haben, dass man mit dieser Karte irgendwohin kommen konnte.

Die Frage ist: Gibt unser Leben irgendeinen Hinweis auf eine wesentliche Gottesbegegnung? Ruft diese Begegnung in Ihnen eines der Dinge hervor, die Paulus als «Geistesfrüchte» bezeichnet: «Liebe, Freude, Friede, Langmut, Freundlichkeit, Güte, Treue, Sanftmut, Selbstbeherrschung» (Galater 5,22)?

Unterscheidet sich der/die Einzelne oder die Gruppe nach dieser Begegnung von seiner/ihrer Umgebung, oder spiegelt er/sie nur die vorhersagbaren kulturellen Werte und Neigungen der eigenen Gruppe?

Oder noch schlimmer: Verbringt Ihre Religion viel Zeit damit, zu definieren und zu entscheiden, wer von der Teilhabe ausgeschlossen ist? Wenn es im Innern nicht so viel Grund zur Freude gibt, bleibt einem ja nichts anderes übrig, als sich anderen überlegen zu fühlen und von ihnen abzutrennen. Viele Gruppen betrachten es als schwere Sünde, wenn ihre Mitglieder am Gottesdienst einer anderen Konfession teilnehmen. Ich bitte Sie! In dieser Art von Religion geht es nur noch um Gruppendenken und Abgrenzung, und sie wird Sie kaum zu einer tieferen Gottesbegegnung führen. Wer so klein denkt, wird nie bereit sein für wahre Größe.

Wenn Gott für Sie ein Tyrann oder ein ewiger Folterknecht ist oder kleinlicher denkt als die meisten Leute, die Sie kennen, warum sollten Sie dann irgendeine Vertrautheit oder Nähe mit einem solchen Gott anstreben, Zeit mit ihm verbringen oder gar an ihm teilhaben wollen? Wie Helen Keller einmal sagte: «Manchmal fürchte ich, ein Großteil aller Religion besteht nur aus der Verzweiflung der Menschen, dass sie Gott nicht finden.» Die meisten Gruppen suchen sich ein paar moralische Positionen aus, um sich ein angemessenes Gefühl von Würdigkeit und Disziplin zu verschaffen, oder ein paar Sakramente, für die man die Kirche «besuchen» muss; aber eine liebevolle oder gar erotische Vereinigung mit Gott ist für die meisten ein Geheimnis oder etwas unvorstellbar Albernes geblieben. «Ich habe keine Zeit für Mystiker, wir müssen hier eine Kirche am Laufen halten», hat mir mal ein Bischof gesagt. Kein Scherz! Dabei war er weder ein schlechter Mensch noch ein schlechter Bischof, er stand nur wie ein Fremder dem

Geheimnis gegenüber, von dem er in der Kirche sprach, die er «am Laufen hielt».

Wer glaubt, er müsste der Star sein, verpasst das Fest. Jesus weist in verschiedenen Gleichnissen auf Hochzeitsfeste oder große Festessen hin (zum Beispiel Lukas 14,7–24 oder Matthäus 22,1–10). Da geht es um Teilnahme und Teilhabe, nicht um Gesetze. Wenn auf Ihrem Fest kein Platz mehr für einen zusätzlichen Teilnehmer ist, dann sind Sie ein sehr schlechter Gastgeber. Und Gott ist kein schlechter Gastgeber.

In den drei monotheistischen Religionen ist Teilhabe bisher nicht unbedingt der stärkste Zug, wenn wir einmal von einigen Gruppen wie den chassidischen Juden[62], den hesychastischen[63] Orthodoxen, den Sufis bei den Muslimen, vielen katholischen Mystikern und vielen Einzelpersonen absehen, die in jede dieser Gruppen hineingepasst hätten, wenn sie davon gewusst hätten. Der Protestantismus als Ganzes hat sich kaum einmal irgendeiner Vorstellung von echter oder universeller Teilhabe genähert, obwohl es viele, viele einzelne Protestanten durchaus getan haben. Wie in der katholischen Kirche haben viele einfach gelernt, sich offiziell still zu verhalten und ihre «großzügige Orthodoxie» eher heimlich und ein wenig abseits zu praktizieren. Bei den Franziskanern sagen wir immer: «Es ist einfacher, um Vergebung zu bitten als um Erlaubnis.» Bei den meisten Oberen darf man nicht viel Freiheit und Erlaubnis erwarten, aber das Evangelium verlangt von ihnen, dass sie vergeben!

Die «Wende hin zur Teilhabe» lernt von der konkreten Praxis, von persönlicher Übung und interaktiven Dialogen, die den Blickwinkel der Teilnehmenden verändern und Begegnung zulassen und fördern. Viele Christen entdecken heute (wieder) Gebetsketten, das Ruhegebet, Ikonen, kontemplatives Sitzen, die Gesänge von Taizé, charismatisches Gebet,

Gehmeditation, Zen-Übungen, lange Schweigephasen und den Rückzug in die Einsamkeit sowie geistliche Begleitung. Bis jetzt konnte man als Katholik oder Protestant Doktor der Theologie sein, ohne genau zu wissen, wie man betet, oder doch, ohne gern zu beten, wobei man es anderen durchaus offiziell empfahl und womöglich sogar definierte, was Gebet ist und was nicht. Jetzt müssen wir es persönlich leben.

Teilhabe und Bewusstsein

Die Arbeiten des deutschen Philosophen Karl Jaspers und des englischen Gelehrten Owen Barfield haben mir eine Verständnishilfe gegeben, ein «Muster» aufgezeigt, mit dessen Hilfe ich besser verstehe, was geschehen ist und wie wir uns tatsächlich von einer tiefen Erfahrung der Teilhabe in eine neue «Wüste der Nicht-Teilhabe» bewegt haben, wie Barfield es nennt.[64]

Grob gesagt: Vor 800 vor Christus standen allem Anschein nach die meisten Menschen in Verbindung mit Gott und mit der Wirklichkeit: durch Mythen, Dichtung, Tanz, Musik, Fruchtbarkeit und Natur. Obwohl sie in einer Welt voller Gewalt lebten, in der es hauptsächlich ums Überleben ging, gibt es viele Hinweise darauf, dass die Menschen seelisch gesünder waren als wir heute. Es war ganz klar eine Furcht einflößende und gefährliche Welt, in der sie sich bewegten, aber sie hatten die Erfahrung der Zugehörigkeit, in guten wie in schlechten Zeiten. Das war das Bewusstsein «vor der Achsenzeit», wie Karl Jaspers es nennt. Sie wussten, sie hatten Teil an einem noch ganz und gar verzauberten Universum. Das war die «Kirche Abels», von der Augustinus und Gregor der Große sprachen. Barfield nennt es «ursprüngliche Einheit».

Was Jaspers das «Bewusstsein der Achsenzeit» nennt, tauchte weltweit mit den östlichen Weisen, den jüdischen Propheten und den griechischen Philosophen auf, und zwar um 500 vor Christus, und legte die Grundlagen aller Weltreligionen und großen Philosophien. Es war die Geburtsstunde des systematischen und begrifflichen Denkens. Im Osten nahm es häufig die Form ganzheitlichen Denkens an, wie wir es im Hinduismus, im Daoismus und im Buddhismus finden. Dieses Denken gestattete den Menschen die Erfahrung von Teilhabe an der Wirklichkeit, an sich selbst und am Göttlichen. Im Westen schenkte uns der Geist der Griechen eine Art «vermittelter Teilhabe» durch Gedanken, Vernunft und Philosophie, während viele Mystiker echte Teilhabe genossen, selbst wenn dieser Weg offiziell für sehr schmal gehalten wurde und nur wenigen offenstand.

Am Treffpunkt von Ost und West gab es eine dramatische Erfahrung der intimen Vereinigung mit und der kollektiven Teilhabe an Gott, und zwar in dem Volk, das sich Israel nannte. Dort wurden individuell erleuchtete Menschen wie Mose und Jesaja anerkannt, aber es geschah noch mehr: Die Vorstellung der Teilhabe erweiterte sich auf die Gruppe und darüber hinaus, zumindest für viele jüdische Propheten. Das Volk wurde gerettet, Teilhabe war eine historische, keine individuelle Erfahrung.

In ihren besten Teilen wurde die Bibel zur Erlösung der Geschichte selbst – deshalb müssen wir all die «unheiligen» Geschichtsbücher ertragen. Der größte Teil der biblischen Worte, die von Liebe und Anklage sprechen, richtet sich nicht an einzelne Menschen, sondern an Israel als Ganzes. JHWHs Sorge gilt vor allem der Gruppe, sein Bund wird mit dem ganzen Volk Israel geschlossen, nicht nur mit einzelnen Juden. Es ist wirklich verblüffend, dass wir das vergessen oder übersehen haben – ein Zeichen des übertriebenen Individualismus im Westen.

Aber das Zusammenströmen des östlichen, semitischen Denkens, der jüdischen Religion und des griechischen und römischen Einflusses in Palästina bereitete den Mutterboden dafür, dass ein neues Verständnis von Teilhabe kommuniziert werden konnte. Und bald darauf bot der Jude Jesus der Welt die vollständige und endgültige Teilhabe an – in seiner eigenen ganzheitlichen Lehre, die es ihm erlaubte, auf allen Ebenen von echter Einheit zu sprechen: von einer Einheit mit uns selbst, mit den Nächsten, mit Außenseitern, ja sogar mit Feinden, mit Jesus selbst und durch all dies hindurch auch mit Gott. Sehr erstaunlich! Wenn ich das mit Zitaten belegen wollte, müsste ich einen Großteil des Neuen Testaments zitieren!

Diese Botschaft wurde regelmäßig geschätzt und gelehrt, und sie findet sich auch in den mystischen Schriften von Paulus, aber die überwiegende Mehrheit der Christen machte aus ihrer Religion nur jenen Köder (der persönlicher «Würdigkeit» einen himmlischen «Lohn» verheißt), von dem ich früher schon gesprochen habe. Die Wüstenväter und -mütter, die frühen östlichen Väter, die Kelten, die sich außerhalb des Römischen Reiches bewegten, einige Klöster und Eremiten und die immer wieder auftauchenden Mystiker und Heiligen lassen uns wissen, dass die ursprüngliche Botschaft immer von einigen wahrgenommen wurde! Aber sie blieb eine Art Unterströmung, wurde kaum jemals zum Mainstream, der sich eher in Form von Sturzbächen und Fast-Food-Religion zeigte. Nur die kontemplativen Menschen (ob «bewusst» praktizierend oder nicht) wussten, wie sie dorthin gelangen, dorthin zurückkehren konnten (indem sie in ihrem nicht-dualen, inklusiven Bewusstsein den «Augenblick» lebten).

Leider wurden die großen Einsichten der Achsenzeit, die uns alle auf grundlegende und gute Weise geformt haben, trockengelegt und unsichtbar durch eine äußerst verkopfte scholastische Philosophie (1100–1500), im antagonistischen Denken fast aller Reformationsbewegungen und im Buchstabenglauben an die Vernunft der sogenannten Aufklärung. So unvermeidlich, gut und notwendig die Reformationen auch waren, sie öffneten auch die Tür für die «Wüste der Nicht-Teilhabe», wie Barfield es genannt hat, in der niemand mehr irgendwohin gehörte, nur noch wenige in dieser Welt zu Hause waren und sich die Religion schlimmstenfalls auf Ausschluss, Verurteilung, Drohen und Richten konzentrierte, auf die Ausbeutung von Ländern und Völkern und auf die Kontrolle der eigenen Mitglieder durch Scham- und Schuldgefühle – sowohl auf der katholischen als auch auf der protestantischen Seite. Es hat in jedem Volk, in jeder Kirche, Konfession und Gruppe, in jedem Kloster und in jedem Zeitalter Ausnahmen gegeben, aber das «alternative Verarbeitungssystem», das ich Kontemplation nenne, ging verloren. Ich weiß, das klingt dunkel und rückwärtsgewandt, aber es gibt jede Menge Beweise. Der größte Teil dieser Entwicklung verlief nicht bewusst, sondern war ein Ergebnis von Unwissenheit und Überreaktion. Und doch haben die Christen damit mehr Atheisten, Christenhasser, Hexenjäger und Säkularisten hervorgebracht, als jede andere Religion für möglich halten würde. Wie kann eine Gesellschaft überleben, wenn sie ihre eigene Religion hasst oder bereits jeden tiefer gehenden Hinweis auf Teilhabe?

Jaspers und Barfield – und auch Ewert Cousins – haben auf ihre je eigene Weise das Kommen einer zweiten Achsenzeit vorhergesehen, in der das Beste jedes Zeitalters zusammenkommen und zusammenwirken wird: vorrationale, rationale und transrationale Elemente. In einer solchen Zeit leben wir heute! In diesem Bewusstsein können wir jetzt die einzigartigen Beiträge jedes Zeitalters nutzen, um das Wissen der Intuition und des Körpers zusammen mit rationaler Kritik und tiefreichender Synthese in Anspruch zu nehmen und auf diese Art eine ebenso intelligente wie zu Herzen gehende Teilhabe zu fördern: «von ganzem Herzen, von ganzer Seele, mit Verstand und Kraft», wie Jesus sagt (Markus 12,30).

Wir leben in einer wunderbaren, gesegneten Zeit, wenn Sie diese zweite Achsenzeit annehmen und genießen können, die uns in vielerlei Weise bevorsteht. Ich muss allerdings zugeben, dass es auch viele Anzeichen gibt, dass sie uns nicht bevorsteht, sondern eher das Gegenteil. Wo auch immer der Geist sich von Neuem herabsenkt, wird der Widerstand dagegen umso stärker, selbst in den Weltreligionen. Und beides ist in unserer Zeit zu erleben. Wie können wir also unseren Teil dazu tun, «das Werk», «die große Wende», die «Neugründung» in unserer eigenen Lebenszeit zu fördern? *Wir müssen ganz unten anfangen, und das heißt, wir müssen die allen Dingen innewohnende Heiligkeit wiederherstellen, ohne Ausnahme. Die Fehler der Vergangenheit müssen dazu gehören und uns als Lehre dienen, nicht nur als hassenswerte Erinnerung.* Wir müssen alle Glieder neu miteinander verbinden in der großen Kette des Seins.[65]

Die kostbare Perle

Das griechische Wort *theosis,* das von den östlichen Kirchenvätern oft benutzt wird, lässt sich wohl am besten mit «Vergöttlichung» übersetzen.[66] Es gehört normalerweise in die eher mystisch geprägte, eher am Mysterium der Dreifaltigkeit ausgerichtete Spiritualität der Ostkirche und ging in der eher praktisch orientierten, an dem genannten «Köder» (des Lohns für erreichte «Würdigkeit») ausgerichteten westlichen Kirche weitgehend verloren. Bei jeder Teilung oder Trennung der christlichen Kirche haben die Gruppen je eine Hälfte des Evangeliums verloren, beginnend mit dem Großen Schisma von 1054, als die Leiter der Ost- und Westkirche sich gegenseitig exkommunizierten. Derselbe Verlust von Ganzheit vollzog sich 1517 mit den protestantischen Reformatoren (Martin Luther, Johannes Calvin, John Knox und Heinrich VIII.) und ebenso bei der Trennung von der Naturwissenschaft zur Zeit Galileos und viele Male seitdem. Und nahezu unsere ganze jüdisch-christliche Geschichte spiegelt eine Abspaltung vom Weiblichen, die uns mit Sicherheit die Hälfte der Wahrheit genommen hat. Und immer haben beide Seiten etwas wirklich Gutes verloren. Das ist das traurige Ergebnis dualistischen Denkens, das unfähig ist, die mystische, gewaltfreie oder überhaupt nicht-duale Ebene von irgendetwas zu verstehen, geschweige denn zu erfahren: die Ebene des Sowohl-als-auch, des «nicht ganz eins, aber auch nicht zwei». Die Ebene, die das einzigartige Geschenk der Religion an die Gesellschaft sein sollte, weil sie die Räder der spirituellen Evolution beweglich hält.

Wir sollten also das Gleichnis von der «kostbaren Perle» in die westliche Kirche zurückholen, und zwar in die römische wie auch in die protestantische, und es auch den säkularen Suchenden zur Verfügung stellen.[67] Wie Simone Weil es immer wieder gesagt hat: Es ist viel einfacher, Nicht-Christen zu Christen zu machen, als Christen zu Christen zu machen. Menschen, die schon von der Wiege an Christen waren, sind sehr darauf konditioniert, sich nur mit dem «Köder vor der Nase» abzugeben.

Und damit am Ende nicht einige westliche Katholiken denken, ich würde eine alte, verworfene Ketzerei wieder hervorzerren, sei ihnen das folgende Zitat von Johannes Paul II. von 1995 ans Herz gelegt: «Die Lehre der kappadozischen Kirchenväter über die Vergöttlichung ist in die Überlieferung aller orientalischen Kirchen eingegangen und stellt einen wesentlichen Bestandteil ihres gemeinsamen Erbes dar. Das lässt sich in einem Gedanken zusammenfassen, den Irenäus von Lyon schon zu Ende des 2. Jahrhunderts ausgesprochen hat: Gott ist Kind eines Menschen geworden, damit der Mensch Kind Gottes werde.»[68] Päpste sprechen nicht über solche Dinge, wenn sie nicht wissen, dass ihnen große Glaubwürdigkeit und Autorität zukommt. Papst Johannes Paul II. hat anerkannt, dass die westliche Kirche (sowohl die katholische als auch die protestantische) ihren Glauben an die Vergöttlichung weitgehend verloren oder gar verleugnet hat. Kein Wunder, dass wir unter einem so universellen Mangel an Selbstachtung und einer so drastischen kulturellen Selbstverachtung leiden.

Der leuchtende, oft zitierte «Textbeweis» in diesem Zusammenhang ist der zweite Petrusbrief (1,3–4), in dem der Autor unter dem Einfluss des Heiligen Geistes etwa Folgendes sagt: «Durch seine göttliche Kraft hat Gott uns alle Dinge gegeben, die wir für unser Leben und für die wahre Andacht brauchen, die uns gestatten, Gott selbst kennenzulernen, der uns durch seine Herrlichkeit und Güte gerufen hat. In dieser Gabe hat Gott uns etwas sehr Großes und Wunderbares versprochen. Durch diese Gabe haben wir *teil an der göttlichen Natur* selbst.»

Viele Kirchenväter haben an eine tatsächliche ontologische / metaphysische / objektive Einheit von Menschheit und Gott geglaubt, die allein es Jesus ermöglichte, uns «mit zurück» ins Leben der Dreieinigkeit zu nehmen (Johannes 17,23–24; 14,3;

12,26). So real sah für viele Menschen in der frühen Kirche «Teilhabe» aus. Sie veränderte die Menschen und schenkte ihnen ihre tiefste Identität und Gestalt («Trans-Formation»). Wir hatten gedacht, unsere Gestalt sei nur menschlich, aber Jesus kam und lehrte uns, dass unsere tatsächliche Gestalt menschlich *und* göttlich ist, genau wie er selbst. Er hatte kein großes Interesse daran, sich selbst als einzigen, ausschließlichen Sohn Gottes herauszustellen, sondern nahm sich zurück und vermittelte den Menschen eine *inklusive* Sohn- und Tochterschaft. Paulus schreibt, dass wir «an Kindes Statt angenommen» (Galater 4,5) und «Miterben Christi» sind (Römer 8,17), um dasselbe auszusagen.

«Vollständige und endgültige Teilhabe» war die Lehre Jesu, der daran glaubte, dass Gott uns nicht nur in einen fernen Himmel eingeladen hatte, sondern *in sich selbst* hinein, als Freunde und Mitteilhaber. *Ich rede hier nicht von einer psychologischen oder moralischen Ganzheit der Menschen, die es ohnehin niemals gibt, weshalb sie von vielen als bloße Doktrin abgelehnt wird – oder als Unmöglichkeit.* Ich rede von einer göttlich eingepflanzten «Teilhabe an der göttlichen Natur», die man oft als «Einwohnung» oder als Heiligen Geist bezeichnet (vgl. Römer 8,16–17). Das ist der Untergrund, auf dem allein wir eine Zivilisation des Lebens und der Liebe aufbauen müssen und können. Ohne ihn sind die meisten religiösen Reden nur platonischer Idealismus und weitgehend unwirksame Versuche, unser Falsches Selbst zu inspirieren und zu motivieren. Der Grund, warum wir jeden Sonntag wieder in die Kirche gehen sollen, liegt darin, dass es am letzten Sonntag in der Tiefe nicht gewirkt hat.

Die göttliche Einwohnung

Die staunenswerte, ja anmaßend klingende Botschaft der Vergöttlichung wird von Genesis 1,27 gestützt, wo es heißt, dass wir «als Abbild Gottes, ihm ähnlich» erschaffen sind. Viele dicke theologische Bücher sind geschrieben worden, um diese Stelle zu erklären. Einig sind sie sich im Folgenden: Das «Abbild» ist unsere *objektive* DNA, die uns als Geschöpfe Gottes kennzeichnet, von Beginn an, bevor wir irgendetwas Richtiges oder Falsches tun konnten. Das uns innewohnende Abbild Gottes ist ein absolutes Geschenk, eine ständige Gegenwart und eine Verheißung: Es ist der Heilige Geist in unseren Herzen, der manchmal auch «unerschaffene Gnade» genannt wird. Wir waren die Gefäße, «Tempel» oder Empfänger dieses Geschenks. Auf eine bestimmte Weise hatte es gar nichts mit uns zu tun und sagte doch alles über unsere innerste Identität. Es schenkte jedem einzelnen Menschen eine angeborene Würde, die ich in diesem Buch das Wahre Selbst und den unsterblichen Diamanten nenne. Für Christen ist das der «Fels der Erlösung». Das uns innewohnende Abbild Gottes strebt in jedem von uns zur Vollendung, wie die langsame Freisetzung eines probiotischen Stoffes oder eines Supervitamins. So sah zweifellos der «Ursegen» aus.

Die «Ähnlichkeit», von der in diesem Vers in der Genesis ebenfalls die Rede ist, war etwas anderes. Ähnlichkeit ist *unsere persönliche Aneignung und allmähliche Verwirklichung dieses absoluten Geschenks.* Wir alle haben objektiv dasselbe Geschenk erhalten, aber auf welche Weise wir subjektiv Ja dazu sagen, das ist eine ganz andere Geschichte. Mit der täglichen «Unähnlichkeit» zu Gott in uns selbst und anderen vor Augen konnte die praktisch veranlagte westliche Kirche da keine Ähnlichkeit entdecken. Aber letztlich kommt es immer darauf an, auf was wir unsere Aufmerksamkeit richten. Die kontemplative Dimension der Kirche hat es uns gestattet, in dieser tieferen Wahrheit, im Selbst, im Geheimnis «auszuruhen».

Die aktivere und extrovertiertere westliche Kirche konnte nur das Äußere des Menschen als Gott sehr unähnlich sehen und hat sich eher auf moralische Leistungen als auf die mystische Mitte konzentriert. Das Beste, was Luther dazu anbieten konnte, war eine Schicht von «Schnee über einem Misthaufen», und Calvin hat uns die «völlige Verderbtheit» und die «Prädestination der Erwählten» als Ausgangspunkt angeboten. In einem so negativen Menschenbild ist eine Vergöttlichung kaum vorstellbar. Wie kann etwas wiederaufgebaut werden, wenn das Defizit so tief reicht? In der katholischen Kirche hat Kardinal Ratzinger Homosexualität einmal als «intrinsisch ungeordnet» bezeichnet, als etwas, das «in sich selbst» einen Angriff auf die gute Ordnung darstellt. Wie kann ein Mensch die Frohe Botschaft hören, wenn er «in sich selbst» ein Problem darstellt? Tatsächlich ist eine solche Aussage das Gegenteil von Verkündigung des Evangeliums. Der Westen in seiner Ganzheit hat den Kern der Botschaft nie erfasst, sondern tanzte auf den Außenlinien. In der Tiefe des Stroms wurde die Vergöttlichung sehr wohl bewahrt, aber in den oberen Strömungen kam sie nicht an.

Kurz gesagt: Die frühe Ostkirche und die kontemplative Tradition im Westen haben das «Abbild» betont, während die westliche Kirche in ihrer römischen und protestantischen Ausprägung weitgehend die «Ähnlichkeit» in den Mittelpunkt gestellt hat. Die westliche Kirche hat dadurch den Grund und die verwandelnde Mitte verloren, während die Ostkirche die Dynamik und Messerschneide nach außen einbüßte. Am Ende haben wir alle einen Teil der «Herrlichkeit und Güte»

Gottes verloren, von denen der 2. Petrusbrief spricht. Und so erging es auch der Menschheits- und Kirchengeschichte. Wir haben vergessen, dass das Ohr nicht zum Auge sagen kann: «Ich brauche dich nicht» (vgl. 1 Korinther 12,16), und wir haben in unseren getrennten Lagern und Seminaren die vollständige Botschaft verloren, bis in unsere Zeit hinein, auch wenn es einige hoffnungsvolle Bewegungen gibt, sie zurückzuholen, beispielsweise das Zweite Vatikanische Konzil, die «Emerging Church»-Bewegung oder die Wiederentdeckung der Kontemplation.

Weil wir das Gefühl für Teilhabe und echte Verwandlung, für die tatsächliche Vereinigung mit dem Göttlichen verloren haben, ist uns auch die Vorstellung des Wahren Selbst abhandengekommen. Denn hier ist davon die Rede, was Sie objektiv sind: «Verborgen mit Christus in Gott, und wenn er offenbar wird – und euer Leben ist – dann werdet auch ihr offenbar werden in all eurer Herrlichkeit mit ihm» (Kolosser 3,3). Alles in einem einzigen Zitat! In der Geschichte des Christentums war man im Wesentlichen damit beschäftigt, ein christliches Falsches Selbst zu schmücken und zu maskieren! Wir haben es getauft, konfirmiert oder gefirmt, verheiratet und Christen dazu gebracht, «zur Kirche» zu gehen, anstatt wahrzunehmen, *dass sie die Kirche sind* (1 Korinther 3,17). Wir haben einem Selbst die heilige Kommunion gereicht, das weitgehend unfähig zu jeder Art von Kommunion und Gemeinschaft war, und ja, wir haben viele Falsche Selbste zu Priestern, Predigern, Bischöfen und Päpsten geweiht und gewählt, die ihr Wahres Selbst nicht kannten und nicht wussten, wie sie es in Gott genießen sollten. Das ist ein Anlass zu großem Kummer und großer Trauer, nicht zu Hass und Verachtung, und ich hoffe, ich bringe das auf konstruktive Weise zum Ausdruck. Etwas anderes hilft nämlich nicht.

Diejenigen, die nicht zu dem mystischen Festmahl kommen, sind in der Regel keine schlechten Menschen oder von Gott Verworfene, sondern einfach kleine Leute wie Sie und ich. Zum Glück liebt unser sehr großer Gott die kleinen Leute und bevorzugt sie sogar (so behaupten jedenfalls die Geschichte Israels, die Geschichte von Hiob, der Prophet Zefanja, der 1. Korintherbrief 12,22–23, Maria im Magnifikat – Lukas 1,46–55 – und Jesus selbst). *Gott liebt für alle Zeit sein Abbild in uns,* sagen die Mystiker. Gott kann Christus in uns nicht *nicht* lieben, und wir werden Stück für Stück in das Bild verwandelt, «das wir spiegeln» (2 Korinther 3,18). Gott hält seine Liebe niemals zurück. Aber wir waren nicht immer in der Lage, ihn wiederzulieben oder uns selbst oder einander zutiefst zu lieben. Das war und ist das Problem.

Unser Wahres Selbst bleibt für die meisten von uns unerreichbar, weil jede direkte Gotteserfahrung oder ausdrückliche Vereinigung mit Gott blockiert, verleugnet und weitgehend als unmöglich bezeichnet wurde. Sie musste durch die Bibel, einen Priester oder Prediger, eine Kirche oder ein Sakrament vermittelt werden, und allzu oft wurden die Vermittler und die Verteidigung ihrer Vermittlerrolle zur wichtigsten Botschaft. Die meisten Predigten haben uns vorschnell an unsere Unwürdigkeit erinnert, statt uns erst einmal von unserer angeborenen Würde zu erzählen. Viele von uns saßen so tief unten in einem schwarzen Loch der niedrigen Selbstachtung, dass sie keine Möglichkeit mehr sahen, hinauszuklettern. Es gab keine Grundlage, auf der sie aufbauen konnten, und sie sahen nur noch ihre eigene Schwäche und Unfähigkeit. Wir hatten keine feste, objektive Grundlage, auf der wir menschliches Person-Sein aufbauen konnten, und so wurden alle ganz allein hinausgeschickt – in den freien Fall. Aber so muss es nicht sein.

Wie so viele Propheten von Israel gesagt haben, gab es immer einen «Rest» derer, die an der innersten Botschaft festhalten (Jesaja 4,3). Sie waren der Sauerteig, der den ganzen Teig durchsäuerte, und Jesus hat dieselbe herrliche Metapher benutzt (Matthäus 13,33). Gott hat sich daran gewöhnt, seinen Teil des Bundes einseitig zu halten, und er hat auch immer wieder die Initiative ergriffen. Wie Paulus sagt: «Hebt dann etwa ihr Unglaube die Treue Gottes auf? Keineswegs! Sondern Gott soll sich als wahrhaftig erweisen (Wahres Selbst), jeder Mensch aber als Lügner (Falsches Selbst)» (Römer 3,3–4).

Gott liebt immer sich selbst in uns, auch wenn wir uns weigern, uns zu lieben und zu ehren. Er verhält sich wie die Eltern eines selbstzerstörerischen Kindes. Auf mancherlei wunderbare und fantasievolle Weise lieben Eltern ein selbstzerstörerisches Kind oft immer mehr und mit wachsender Geduld. «Ich habe sie so sehr geliebt, wie du mich geliebt hast», sagt Jesus (Johannes 17,23), mit einer Liebe, die aus der Dreifaltigkeit Gottes kommt und grenzenlos ist. Wie eine Welle wird diese Teilhabe anwachsen, bis sie die fernsten Winkel des Menschlichen erreicht und ganz gewiss der ganzen Schöpfung, über uns Menschen hinaus.

Sechstes Kapitel

Wenn es wahr ist, dann muss es überall wahr sein

Ein Leib und ein Geist, wie ihr auch bei eurer Berufung
zu einer Hoffnung berufen worden seid.

Epheser 4,4–6

Christus möchte, dass wir die Wahrheit ihm selbst vorziehen, denn bevor er Christus ist, ist er zunächst Wahrheit. Wer sich von ihm abwendet, um die Wahrheit zu
finden, wird nicht weit gehen müssen, bevor er in seine
Arme fällt.

Simone Weil

Juden und Christen oder Gläubige anderer Religionen sollten nicht auf die Idee kommen, sie seien die Ersten, die Gottes ewige Muster und seine Gegenwart erkennen. Schließlich
sind diese Muster «offenbar; Gott selbst hat es ihnen kundge-
tan. Denn sein unsichtbares Wesen, seine ewige Macht und
Göttlichkeit sind seit Erschaffung der Welt an seinen Werken durch die Vernunft zu erkennen» (Römer 1,19–20). Wie
könnte ein Gott, der seinen Namen zu Recht trägt, begrenzt,
geizig oder vollständig unsichtbar sein oder das, was das Sein
selbst ist, in einen Zeitrahmen, eine Kultur oder Sprache pres-
sen müssen? Wenn es wahr ist, dann werden alle Menschen,

die guten Willens sind, es sehen können. Das meinen wir, wenn wir von der «ewigen Tradition» sprechen, die in immer neuen Ausdrucksformen erscheint.

Wie der heilige Bonaventura (1217–1274) gesagt hat: «[Gott] ist ein erkennbarer Raum, dessen Mitte überall ist und dessen Hülle nirgends … [Gott] ist in allen Dingen, aber nicht eingeschlossen; außerhalb aller Dinge, aber nicht ausgeschlossen; über allen Dingen, aber nicht fernab; unter allen Dingen, aber nicht erniedrigt … [Gott] ist der Höchste und schließt alles ein, [Gott] ist deshalb ‹alles in allem› (1 Korinther 15,28).»[69] Entweder beschuldigen wir nun Paulus oder Bonaventura, der als «Kirchenlehrer» verehrt wird, des Pantheismus, oder wir geben zu, dass wir es sind, die es einfach noch nicht kapiert haben.

Jesus hat gesagt, wir sollen die Frohe Botschaft «allen Geschöpfen» bringen (Markus 16,16). Ich kann nur vermuten, das bedeutet, wir sollen in die Welt der anderen eintreten, ihre Sprache lernen und demütig ihre Prämissen zu verstehen suchen, statt herumzusitzen und zu warten, bis sie endlich unsere Prämissen verstehen und ihnen ganz und gar zustimmen. Wenn eine Gruppe schon daran scheitert, sich um Kommunikation mit anderen zu bemühen, dann wird sie zum geschlossenen System und nicht zur guten Nachricht für irgendjemanden, sei er drinnen oder draußen. Achten Sie darauf, wie Paulus seine Worte und Gedanken an seine Zuhörerschaft anpasst und sich gerade dafür selbst lobt (1 Korinther 9,19–23). Er sagt zu den Menschen in Athen (Apostelgeschichte 17,27–28): Die Menschen aller Völker «sollten Gott suchen, ob sie ihn fühlen und finden könnten; er ist ja keinem von uns fern. Denn in ihm leben wir, bewegen wir uns und sind wir.» Dann zitiert er verschiedene heidnische Quellen, um ihnen zu sagen: «Wir sind alle seine Kinder!» Er hat seine berühmte

Rede mit dem Zugeständnis begonnen, dass wir den Gott, den er verkündigt, verehren können, ohne es zu wissen (17,23). Offenbar muss man nicht wissen, dass man Gott verehrt, um ihn zu verehren. Man fragt sich wirklich, wie diese Texte im Namen des späteren geschlossenen Denkens in Vergessenheit geraten konnten. Wenn Paulus sich nicht um die Außenstehenden gekümmert und seine Verkündigung nicht den «Völkern» und Heiden angepasst hätte, dann wäre das Christentum eine kleine jüdische Sekte geblieben, und die meisten von uns würden heute dieses Buch, die Bibel, nicht lesen.

Vielleicht sind Gott, Bewusstsein und Sein einfach dasselbe. Die stetig strömende Fülle, die wir Gott nennen, liebt und schwelgt offenbar in endlosen Erscheinungsformen, in Fruchtbarkeit und Verschiedenheit. Der Gestaltlose sucht sich immer neue und fantastische Gestalten. Man muss nur einen Blick in die Natur werfen, vor allem in die Tiefsee oder in die Welt der Insekten, die uns noch weitgehend verborgen sind. Es gibt keinen Hinweis auf irgendein göttliches Interesse an Farblosigkeit, Eintönigkeit, Ausschluss, geistloser Wiederholung oder Gleichförmigkeit. Gott ist ganz eindeutig kein gruppenspezifischer Stammesgott, und man sollte eigentlich meinen, die drei monotheistischen Religionen hätten diese Botschaft besonders gut verstanden. Keine Gruppe wird Gott jemals begrenzen oder kontrollieren (vgl. Johannes 3,6–8; 4,23–24) oder in ein kleines Zelt einsperren, wie es seit dem Exodus immer wieder versucht wurde. Und doch kann keine Religion dieser Versuchung widerstehen. Wie kann sich irgendjemand einbilden, Gott wäre klein, und dieses Phänomen dann noch Gott nennen? Das geht nur, wenn man die Augen vor der Wirklichkeit verschließt. Die Geschichte der Menschheit, unser zusammenwachsender Erdball, die Verkündigung Jesu vom Reich Gottes – all das verlangt von uns ein sehr großes Zelt, einen universellen Tempel. Diese Welt ist Gottes eine Welt, und wenn diejenigen, die Gott angeblich lieben, das nicht sehen können, dann muss man sich fragen, ob es für unseren Stern noch eine Hoffnung gibt.

Thomas von Aquin, Bonaventura und Johannes Duns Scotus haben klar und unmissverständlich alle dasselbe gelehrt*: «Deus est Ens»,* Gott ist *das Sein selbst* (was etwas anderes bedeutet als «Gott ist ein Wesen» oder «Gott ist alle Wesen»). Das Sein hat sich nicht erst in den Schriften des Hinduismus gezeigt, nicht erst im Koran oder in der jüdisch-christlichen Epoche. Wenn das der Fall wäre, dann hätte er eine ziemlich lange Zeit einfach schweigend dagesessen und gelangweilt seine göttlichen Daumen gedreht. Und natürlich hat Gott nicht auf orthodoxe Juden, Katholiken oder amerikanische Evangelikale gewartet, um sich endlich zu zeigen, ausgerechnet in der letzten Nano-Nanosekunde der Zeit.

Im frühen Christentum wurde die Suche nach diesem großen Rahmen als «vinzentinischer Kanon» *(kanon,* griechisch für «Richtschnur», «Leitsatz») bezeichnet, abgeleitet vom heiligen Vinzenz von Lérins, der uns im Jahr 434 die erste bekannte Definition des Wortes «katholisch» schenkte. In diesem klassischen patristischen Text sagt er, mit Hilfe dieses Begriffs könnten wir die Wahrheit von der Ketzerei unterscheiden: «In eben jener katholischen Kirche selbst ist mit größter Sorgfalt dafür zu sorgen, dass wir halten, was überall, was immer, was von allen geglaubt wurde. Denn das ist wirklich und wahrhaft katholisch, was, wie der Name und Grund der Sache erklären, alle insgesamt umfasst», sagt der heilige Vinzenz.[70] Und natürlich hätte dieser Kanon in allen Seminaren gelehrt werden sollen, seien sie orthodox, römisch-katholisch oder protestantisch, denn er ist gemeint, wenn wir im Nizänischen Glaubensbekenntnis sagen: «Ich glaube an die eine heilige, katholische (universale) und apostolische Kirche.» Doch die meisten konfessionell gebundenen Seminare haben noch nie von diesem sehr frühen vinzentinischen Kanon gehört, und das entlarvt unsere Neigung zum Stammesdenken. Ich würde seine Weisheit als Herzstück der ewigen Philosophie bezeichnen.

Wenn es die Wahrheit ist, dann muss es überall wahr sein, sonst ist es überhaupt nicht wahr», sagt der heilige Vinzenz zu Recht. Eine solche breite, tiefe und mystische Sicht darf nicht in eine konfessionelle «Kirchlichkeit» oder in theologisches Gerangel eingesperrt werden. Wenn es wahr ist, dann sehen auch Naturwissenschaft, Psychologie, Dichtung und Philosophie dieselbe Sache, nur aus anderen Blickwinkeln, auf anderen Ebenen und mit anderem Vokabular. Wir können den vinzentinischen Kanon immer noch benutzen und nach einer Wahrheit suchen, die «überall, immer und von allen» geteilt wird. Vielleicht war keine Generation vor uns so bereit, dies zu tun, zumal wir heute eine solide Forschungstradition und die Naturwissenschaft zur Verfügung haben.

Unser sich nach wie vor ausdehnendes Universum zeigt, dass die erste Inkarnation Gottes vor mindestens 14,6 Milliarden Jahren begann (ein paar Jahre hin oder her sollten uns da nicht stören), als Gott sich zum ersten Mal entschloss, sich zu «manifestieren und zu materialisieren». Wir nennen es den «Urknall». Die *menschliche* Inkarnation, so glauben wir Christen, fand vor zweitausend Jahren statt, als Jesus erschien. Christen glauben, dass die menschliche Inkarnation in Jesus reichen jüdischen Wurzeln entspross, also aus dem Volk, das bereits eine Ich-Du-Beziehung zwischen sich und Gott kannte. «Das Gesicht des Anderen» zeigte sich erst allmählich in einem Gegenübertreten, sodass wir erfahren konnten, wie wir mit diesem Ehrfurcht gebietenden und grenzenlosen Mysterium jenseits aller menschlichen Vorstellungen persönlich in Beziehung treten konnten (1 Johannes 1,1–4). Für Christen offenbart sich das Mysterium geradewegs im Gesicht Jesu (Johannes 1,18; 2 Korinther 4,6). Was für ein staunenswerter Sprung des Vertrauens ist es, das zu glauben! Daran haben mich meine jüdischen und säkularen Freunde schon oft erinnert.

Die Kosmologie bietet uns heute wundervolle – und ich meine wirklich wunder-volle – neue Bilder für einen Großteil der Theologie. Die Wahrheit ist zuallererst in die Schöpfung eingeschrieben, unsere erste und ursprüngliche Bibel (Römer 1,19–20). Und alle Schöpfung spricht von dem Anfang, aus dem alles lebt, stirbt und wieder lebt, in neuer Gestalt! Christen sagen: «Christus stirbt, Christus lebt und Christus kommt wieder» und nennen es das «Geheimnis des Glaubens». Buddhisten beziehen sich auf dasselbe Muster: «Leere ist Gestalt und Gestalt ist Leere.» Wir sagen beide dasselbe, nur mit unterschiedlichen Metaphern. Unsere ist personal, ihre eher abstrakt und philosophisch. *Wir sagen beide, dass alles stirbt und die Gestalt verändert, dass nichts in seinem gegenwärtigen Zustand dauerhaft ist.* Und inzwischen sagt die Naturwissenschaft das auch.

Als Christ allerdings spreche ich hier nicht von Wiedergeburt oder Wiederbelebung, sondern von der Auferstehung als solcher – die noch einmal etwas anderes ist. Auferstehung ist nicht nur ein Gestaltwechsel, sondern offenbart eine verbesserte, fortgeschrittene Gestalt. Gerade die Christen waren mehr als alle anderen bereit dafür, an die Evolution zu glauben, und am Ende haben wir diese Theorie mehr als alle anderen bekämpft. Ich denke, das zeigt ganz deutlich, wie wenig wir über die tatsächlichen Berichte in den Evangelien nachgedacht haben (siehe Anhang B).

Außerdem nehmen die Worte Jesu an die Sadduzäer, die nicht an die Auferstehung glaubten, in dieser Diskussion eine ganz neue Bedeutung an. Er sagt zu ihnen: «Gott aber ist nicht ein Gott von Toten, sondern von Lebenden; denn für ihn *sind alle lebendig*» (Lukas 20,38). Ich glaube, wir sollten darauf eine Weile herumkauen und nicht zu rasch zu unseren vorverdauten christlichen Antworten zurückkehren. In der echten Suche nach Gott wird das Feld immer weiter, nicht enger. Wie im Universum selbst bewegen wir uns auf eine immer größere Lebendigkeit, eine größere Bewusstheit und eine tiefere Einheit zu. Für Pierre Teilhard de Chardin war es *die göttliche Verlockung,* die das Universum weiterruft, bis ein wahrhaft kosmischer Christus «zur Vollgestalt kommt» (Epheser 4,13), der *Punkt Omega* aller Geschichte, der das Universum zur Einheit, Bedeutung und Hoffnung führt. In allem gibt es eine Richtung und Bahn, und daran sollten beide, Juden wie Christen, glauben. Aber nur wenige werden Naturwissenschaft, Philosophie, Mystik und Dichtung so wunderbar zusammenbringen wie dieser französische Jesuit.[71]

Christen, die beunruhigt sind, wenn sie dies lesen, sollten wissen, dass eine solche Integration die jüdisch-christliche Botschaft nicht weniger wahr macht, sondern tatsächlich viel größer und verlockender – außer wenn sie es vorziehen, einer Stammesreligion anzuhängen statt der wahrhaft «katholischen» im ursprünglichen Sinn des vinzentinischen Kanons. Wollen Sie das Evangelium als kleine oder große Wahrheit wahrnehmen? Das ist die Frage, die sich viele Christen stellen müssen.

Die Naturwissenschaft ist nicht mehr unser Feind. Vielmehr offenbaren Quantenphysik, Biologie und andere akademische Fachrichtungen die Naturwissenschaft als unseren neuen und vielleicht besten Partner, viel besser, als es die Philosophie womöglich jemals war. Wenn etwas spirituell wahr ist, dann wird es auch in der physischen Welt wahr sein, und alle Religionen werden auf die eine oder andere Weise auf diese «eine Wahrheit» schauen, aus unterschiedlichen Blickwinkeln, mit unterschiedlichen Zielen, Annahmen und sprachlichen Möglichkeiten, ebenso wie sämtliche Fachrichtungen jeder großen Universität es tun. Wenn wir wirklich davon überzeugt sind, dass wir die eine Große Wahrheit besitzen, dann sollten wir auch darauf vertrauen können, dass andere sie aus ihrem anderen Blickwinkel sehen – sonst ist es keine Große Wahrheit. Niemand wünscht sich, unser Feind zu sein, außer wenn er annehmen muss, wir selbst hätten uns entschlossen, in unserem eigenen kleinen Zelt zu leben, und könnten oder wollten nicht mit ihm nach seinen eigenen Voraussetzungen reden. Wir haben viel zu oft angenommen, andere seien bösen Willens, und waren viel zu eifrig damit beschäftigt, uns Feinde auszudenken, statt zu begreifen, dass andere oft sehr ähnliche «gute Nachrichten» haben, nur in einer anderen Verpackung.

Die Große Wahrheit ist in die Wirklichkeit eingeschrieben, lange bevor sie in Büchern niedergelegt wurde. Wenn Sie Ja zur Wirklichkeit sagen, zu dem, «was ist», werden Sie die Wahrheit erkennen, sobald sie sich in einer Bibel zeigt. Wenn Sie nicht in der Wirklichkeit auf das Gute, Wahre und Schöne reagieren, dann bezweifle ich, dass Sie es in der besten Bibelübersetzung der Welt erkennen würden. Wenn es wahr ist, dann ist es immer und überall wahr, und aufrichtige Wahrheitsliebende werden es annehmen, woher auch immer es kommt. Wenn es wahr ist, dann gehört es allen und ist «an seinen Werken durch die Vernunft zu erkennen» (Römer 1,20). Oder, wie es Thomas von Aquin so gern sagte: «Wenn es wahr ist, dann kommt es immer vom Heiligen Geist.» Die wichtige Frage lautet nicht: «Wer hat das gesagt?», sondern: «Ist es wahr?»

Ich glaube nicht, dass der Wille Gottes eine Theorie, eine durchdiskutierte Moraltheologie oder eine Abstraktion irgendwelcher Art ist; er ist gleichbedeutend mit der *Suche nach Wahrheit in jeder Situation, und zwar in der Situation, so gut wir sie herausfinden können.* Was sonst könnte Gott von der Menschheit erwarten, die zum größten Teil keinen Zugang zu Synagogen, Tempeln, Kirchen, dem Koran, einem Kurs in Moraltheologie oder der Bibel hatte? Waren sie alle verloren und von Gott zurückgewiesen? Irgendwie hat das Wahre Selbst in allen Menschen einen natürlichen Zugang zu diesem «verborgenen» Willen Gottes – wenn Geist, Herz und Seele offen und ohne Sperren sind (darin besteht immer die spirituelle Aufgabe und ist nicht leicht zu erreichen).

Jeremia hat es «das Gesetz in unseren Herzen» (31,33) genannt. Die katholische Tradition nennt es «Naturgesetz» oder «natürliche Theologie». Die Seele oder das Wahre Selbst reagiert ganz natürlich auf die Seele anderer Dinge, schon seit es ein menschliches Bewusstsein gibt. Das Falsche Selbst verzerrt fast immer selbst gute Dinge, weil es immer denkt: «Alles dreht sich um mich» – was nie der Fall ist.

Vielleicht hat es Mose schon früh am allerbesten und sehr poetisch ausgedrückt: «Dieses Gebot, das ich dir heute vorschreibe, ist nicht zu hoch und unerreichbar für dich. Nicht im Himmel ist es, sodass du sagen müsstest: Wer steigt für uns hinauf in den Himmel, um es uns herunterzuholen und zu verkünden, damit wir danach handeln? Es ist auch nicht jenseits des Meeres, dass du sagen müsstest: Wer fährt für uns über das Meer, um es herbeizuholen und zu verkünden, damit wir danach handeln? Vielmehr ist dir das Wort ganz nahe, in deinem Mund und in deinem Herzen ist es, sodass du danach handeln kannst» (Deuteronomium 30,11–14).

Die Juden nennen dieses Wort die Tora, die Christen den *Logos* (oder die «Blaupause»), die Daoisten das ewige Dao, die Buddhisten die Leere oder das Große Mitgefühl. Die Hindus nennen es Brahman, die muslimischen Sufis nennen es Tanz und die Naturwissenschaft spricht von Universaltheorie. Aber wir alle deuten auf eine zugrundeliegende Wahrheit hin, nach der wir auf zehntausend Weisen streben. Wir alle glauben irgendwie an ein zusammenhängendes und sogar wohlwollendes Universum. Vielleicht liegt darin die Kernbedeutung des Glaubens. Und es ist sicher die ewige Tradition, die von allen Menschen entdeckt wird, die guten Willens und wahrhaftig auf der Suche sind.

Vielleicht ist unsere Kulturikone Wendell Berry[72] hier ein guter Wegweiser. Er sagt oft: «Ein Geist, der nicht verblüfft ist, ist arbeitslos.» Das größte spirituelle Problem vieler religiöser Menschen liegt darin, dass sie sich für eine Weile weigern, verblüfft zu sein.

Siebtes Kapitel

Erzwungene Erleuchtung

> Wir haben keine andere Wahl, als loszulassen. Während des Sterbens haben wir keine andere Wahl als die Transformation … Wenn Sie wollen, stellen Sie sich Wasser vor, das in den Abfluss rauscht.»
>
> *Kathleen Dowling Singh*

> Das Zurückfließen wird dem Hinausfließen entsprechen.
>
> *Meister Eckhart*

Es ist nicht überraschend, dass wir Menschen das sichere Kommen des Todes leugnen und bekämpfen und das Loslassen des einzigen Selbst vermeiden wollen, das wir überhaupt kennen. Wie Kathleen Dowling Singh in ihrem bahnbrechenden Buch *The Grace in Dying* schreibt: «Es ist die Erfahrung der Ausweg022 losigkeit, die Erkenntnis der Unausweichlichkeit der Situation, der Tatsache, dass wir ganz und gar auf die Barmherzigkeit der Macht auf dem Grund des Seins angewiesen sind … es ist absurd und unheimlich.»[73]

Der Grund des Seins oder der «Seinsgrund» – ein eindrucksvoller Begriff, den Paul Tillich geprägt hat – ist eine ausgezeichnete Metapher für das, was die meisten von uns Gott nennen würden (Apostelgeschichte 17,28). Für Singh ist es die Quelle und das Ziel, das wir gleichzeitig zutiefst ersehnen und verzweifelt fürchten. Es ist das *mysterium tremendum* Rudolf Ottos, das zugleich verlockend und Furcht einflößend ist. Sowohl Gott als auch der Tod fühlen sich alles verschlingend an, als würden Sie sich zum ersten Mal einem anderen Menschen ganz hingeben. Die Vereinigung wird uns befreien, und doch leisten wir Widerstand, ziehen uns zurück oder laufen davon. Es ist nicht überraschend, dass die männlichen Initiationsriten in der Geschichte den jungen Mann dazu zwangen, Gott und dem Tod vorzeitig und frontal gegenüberzutreten, sodass er selbst erfuhr, dass sie seinem Wahren Selbst nicht schadeten, sondern es vielmehr offenbar werden ließen.[74]

Genau dieser Weg von Tod und Auferstehung ist das Ziel jeder tiefer gehenden spirituellen Unterweisung. Er allein gestattet uns, hinterher zu sagen: «Was habe ich durch das Sterben denn verloren?» Es geht um das Loslassen von allem, was wir für unser Ich halten, um die Bewegung hinein in eine Welt, ohne dass uns der Kontext irgendeiner Erfahrung zur Verfügung steht. Es geht darum, die Person zu werden, die wir immer gewesen sind – von der wir in der Tiefe immer schon wussten, die wir an der Oberfläche jedoch überhaupt noch nicht kannten. Das muss wohl die erste große Überraschung im Himmel sein und der Grund, weshalb ich denke, dass unser erstes Wort vermutlich ein großes JA sein wird, mit geballter Faust, den Ellenbogen nach unten gestoßen, in jener Siegesgeste, die junge Männer und Frauen so gern verwenden.

Die letzte Niederlage unseres Falschen Selbst in den letzten Monaten, Wochen, Tagen und Stunden des bewussten Sterbens könnte nach Singh auch als «erzwungene Erleuchtung» bezeichnet werden. Nicht alle Menschen kommen in die Situation, diesen Luxus zu genießen, aber man sollte durchaus danach streben. Wir haben das zutiefst spirituelle Ereignis des Todes zu einem ausschließlich medizinischen Ereignis werden lassen. Familien sind dazu da, ihre Lieben hinüberzubegleiten, und alle Kinderkatechese und alle Religionsstunden der Welt können den Verlust dieses spirituellen Bewusstseins niemals ausgleichen. Dasselbe würde ich übrigens zum Thema Geburt sagen.

Wir schieben unsere Erleuchtung um Jahrzehnte hinaus, wenn wir bei Geburten und beim Sterben nicht dabei sind. Denken Sie daran: Bei der Erlösung geht es nicht so sehr um das *Ob* als vielmehr um das *Wann* und um die Frage, wie viel wir davon aushalten. «Fürchtet euch nicht, glaubt an Gott und glaubt an mich. Im Haus meines Vaters sind viele Wohnungen», sagt Jesus (Johannes 14,1–2). Und wenn er sagt, das Reich Gottes sei «nahe gekommen» (Markus 1,15) oder «in eurer Mitte» (Lukas 17,21), dann habe ich das Gefühl, er sagt das hauptsächlich zu Juden, Kanaanitern, «Sündern», Heiden und anderen von Christen als «unwürdig» Betrachteten. Er verkündet universellen Zugang zu Gott.

Warum nur haben wir das Evangelium zu einem Wettbewerb gemacht, statt freudig einen Prozess zu verkünden, der notwendig, aber gut ist – den Prozess der Unterwerfung unter die Liebe. Ich glaube, es liegt daran, dass das Ego (das Falsche Selbst) Situationen, in denen einer auf Kosten des anderen gewinnt, gegenüber Situationen, in denen es keinen Verlierer, sondern nur Gewinner gibt, bevorzugt – seltsamerweise selbst dann, wenn es darauf hinausläuft, dass es sich selbst als Verlierer definiert. Das Ego entscheidet sich immer für den fingierten Wettbewerb und gegen die ruhige Zusammenarbeit. Wir würden eher an einem riskantes Wagenrennen teilnehmen, bei dem nur einer oder ganz wenige gewinnen können, als dass wir es Gott gestatten würden, gemeinsam mit allen zu gewinnen. Diese Haltung erscheint mir sehr amerikanisch. Dabei ist ein solches Denken die Hölle in sich, nichts anderes als ein spiritueller Kapitalismus. Gottes großer Sieg wird richtigerweise Himmel genannt. Und der Himmel ist Gottes Siegesfeier, nicht unsere! Und das Spruchband über der ewigen Festtafel wird lauten: «Liebe ist stärker als der Tod.»

Der Tod und die Angst

Das «Wahre Selbst» wird von Paulus angesprochen, wenn er beschreibt, woran er mitten in heftigen Auseinandersetzungen mit seinem Falschen Selbst verzweifelt festzuhalten sucht, und er spricht auf bezeichnende Weise darüber: «Wenn ich aber das tue, was ich nicht will, dann führe nicht mehr ich es aus, sondern die in mir wohnende Sünde» (Römer 7,20). Irgendwie weiß er, dass es in ihm einen Teil gibt, der objektiv und wahr ist und den Tod nicht fürchtet. Und dann stellt er diesem Teil das entgegen, was wir das Falsche Selbst nennen (7,14–25), und nennt es «Sünde». Diese Sünde ist unser gemütliches Bild von uns selbst als individuell und autonom. Wenn «dieser Leib» alles ist, worin Sie sich sehen können, dann ist es kein Wunder, dass Sie den Tod fürchten. Dann ist nämlich «dieser Leib» alles, was Sie kennen und haben – das heißt, wenn Sie Ihre Seele noch nicht entdeckt haben. Das Falsche Selbst ist zutiefst verschreckt von der Vorstellung des Todes, weil es weiß: Dieses mentale Ego, das es «Ich» nennt, wird sterben. Und da es keine langfristige Alternative dazu finden kann, arbeitet es stattdessen auf kurzfristiger Basis. Das Falsche Selbst hat keine Substanz, keine Dauerhaftigkeit, keine Lebenskraft, nur verschiedene Formen unmittelbarer Befriedigung.

Wann immer Sie den Tod fürchten – den körperlichen Tod oder den Tod einer Ego-Fixierung – oder irgendwelche Ablenkungsmanöver brauchen, dann sind Sie in diesem Augenblick im Falschen Selbst. Um es noch einmal zu sagen: Es ist normalerweise weder schlecht noch böse, es ist nur nicht die angemessene Herangehensweise an die großen Fragen: Liebe, Tod, Leiden, Gott oder irgendeine Vorstellung von Unendlichkeit. Gott lässt alle unsere Ablenkungsmanöver zu und benutzt sie selbst, um uns unserem endgültigen Ziel näher zu bringen. So vollkommen und geduldig ist die göttliche Liebe. Gott weiß vermutlich, dass wir eher Verschieber als Verbrecher sind.

Das Wahre Selbst hat natürlich ebenfalls Zweifel, was das Unbekannte angeht. Aber es hat für sich genommen keine Angst vor dem Tod. Es ist schon so oft hin und zurück gewandert. Der auferstandene Christus in Ihnen weiß immer, dass er nichts Wirkliches verliert, wenn er stirbt. Aber Sie werden das erst wissen, wenn Sie den ganzen Spießrutenlauf mindestens einmal durchgemacht haben. In meinem Buch *Reifes Leben* habe ich diesen Vorgang «notwendiges Leiden» genannt und damit das notwendige Leiden gemeint, den gesamten Menschenweg zu gehen. Deshalb ist Jesus ihn gegangen, und deshalb versuchen wir, seinen Tod nachzuvollziehen, jede und jeder von uns auf (die) je eigene Art, damit wir unseren Platz im ‹Kraftfeld der Auferstehung› einnehmen können (2 Korinther 4,10–11). Oft braucht Paulus physische Begriffe, um diese Zustände zu beschreiben, was ich recht bezeichnend finde. Geist und Spiritualität haben eine materielle Unterlage, und wir alle haben uns in unserem Körper Leben und Tod zu stellen. Wer von uns hat nicht schon einmal Sätze gesagt wie: «Man konnte die Angst förmlich mit dem Messer schneiden» oder: «Die Freude war sichtbar und mit Händen zu greifen»? Für mich sind der Heilige Geist, die Auferstehung und das Böse allesamt sehr reale, ja körperliche «Kraftfelder».[75]

Sobald Sie wissen, dass Sie am *Kraftfeld der Auferstehung* teilhaben, können Sie immer darauf zurückgreifen, darin leben und sich von ihm her bewegen. Der zusammengebackene Lehm oder «Staub» des Adam ist zum unsterblichen Diamanten Christus geworden. Das Einströmen des göttlichen Atems in Adam (Genesis 2,7) ist zum Aushauchen Jesu (Johannes 20,22) geworden, und Sie haben jetzt teil am Atem des einen Geistes. Die Inkarnation ist zur Auferstehung in Ihnen geworden. «Kirche» welcher Art auch immer sollte ein «Laboratorium der Auferstehung» sein, der «Konspiration Gottes», wie John Haughey es vor Jahren so schön genannt hat *(con-spirare,* miteinander atmen, der Ort, wo wir lernen, gemeinsam zu atmen). Kein Einzelner und keine Gruppe wird über diesen Geist-Atem-Wind jemals die Kontrolle besitzen. «Er weht, wo er will», sagt der Evangelist Johannes (3,8).

Aber diese bedeutsame Erkenntnis hat einen Preis: Sie müssen zuerst mit Jesus «ins Grab gehen» (Römer 6,4) oder wenigstens an den Gräbern anderer Menschen wachen, wie es die beiden Marias getan haben (Matthäus 27,61). Es fällt auf, dass in allen Berichten Frauen den Tod miterleben oder begleiten und dass sie viel schneller auf der anderen Seite herauskommen als die Männer. Man kann die wirklich wichtigen Dinge durch starke Identifikation und die Begleitung anderer auf ihrem Sterbeweg lernen. Solidarität mit dem Leiden anderer Menschen lehrt genauso viel wie direktes Leiden, oft sogar noch mehr, weil die Liebe dazukommt. Fragen Sie einmal gute Hospizmitarbeiterinnen und -mitarbeiter, heutzutage die klügsten «praktischen Theologen», die Sie finden können. Krankenbesuche und Krankenpflege, Begleitung von Sterbenden und Toten sind ihre Lernstätten. Diese Art der Wegbegleitung wird «leibliche Werke der Barmherzigkeit» genannt, aber wir wissen inzwischen, dass oft eher die Besucher die Beschenkten sind als die Besuchten, und zwar mit Weisheit. Einige nennen das «umgekehrte Theologie», weil es fast alles auf den Kopf stellt.

C. G. Jung, der dem Christentum oft sehr kritisch gegenüberstand, hat einmal gesagt, der «Archetyp des Gott-Menschen», also Christus, sei eine relativ gute Karte der unbewussten menschlichen Reise und solle nicht abgelehnt werden, solange man diese Reise nicht selbst gemacht habe. Er fürchtete, die westliche Zivilisation werde diese Landkarte verlieren, und es werde sich als ziemlich gefährlich und katastrophal für uns erweisen, wenn wir sie mitten unter uns verrotten ließen. In diesem Sinne brauchen wir, so C. G. Jung, einen wirkungsvollen «Retter», der uns auf dem notwendigen Weg ansprechen und führen kann. Ohne eine gute Landkarte fürchtete er Manipulation, Vergewaltigung und sogar «Auslöschung» der menschlichen Persönlichkeit.[76] Das klingt übertrieben, bis man sich die ungeheuer zerstörerischen «Ismen» unserer Zeit ansieht: totalitärer Kommunismus, Nationalsozialismus, Konsumismus, Materialismus überhaupt und das, was Papst Johannes Paul II. einen «rigiden Kapitalismus» nannte. Sie alle verleugnen viele Dinge, die für das Menschsein wesentlich sind, und sehr oft unseren innersten Kern.

Die Auferstehung Jesu ist weniger eine «Belohnung» dafür, dass er seine Sache gut gemacht hat, sondern sie ist ein Spiegel der vollendeten Reise und des Ziels. Er ist der «Urheber und Vollender» der Reise, wie es der Hebräerbrief (12,2) sehr poetisch ausdrückt. Er kommt auf der anderen Seite heraus und ruft laut: «Seht, es ist wahr, Liebe ist tatsächlich stärker als der Tod! Wenn ihr jemals daran gezweifelt habt, schaut mich an!» Er ist der Garant, die Verheißung und das Versprechen (Epheser 1,14), dass *die Liebe es schafft*. Damit wir das nicht vergessen, ist diese Garantie in jedes menschliche Herz eingepflanzt und tickt dort weiter. Einige geistliche Begleiter nennen es weise «die tiefste Ebene unserer Sehnsucht». Der Heilige Geist ist Gott, der sich in Ihnen und durch Sie sehnt – bis es auch Ihre eigene Sehnsucht wird.

Selbst der menschliche Geist Jesu wusste einige Dinge nicht, bis er auf der anderen Seite des Todes wieder herauskam. Tatsächlich glaube ich nicht, dass der menschliche Geist Jesu ein volles Bewusstsein von seinem eigenen Wahren Selbst als «Sohn Gottes» hatte, bevor er auferstanden war. Vor seiner eigenen Verwandlung lebte Jesus im Glauben und war wie wir, «die Sünde ausgenommen» (Hebräer 4,15). Jesus hat offenbar nie an die «Lüge der Trennung» geglaubt, die den Kern des Begriffs Sünde bildet. Er sagte ohne zu zögern: «Ich und der Vater sind eins» (Johannes 10,30). Darin war er tatsächlich einzigartig – und das letztgültige Beispiel und der Anführer für die gesamte Menschheit.

Wir alle müssen die menschliche Reise machen, irgendwie, irgendwann, von den Neandertalern bis zu denen, die heute über die Madison Avenue gehen. Alles sind sie entweder gestorben oder werden bald sterben. Die einzelnen Umstände verändern sich, aber es ist derselbe «Gott und Vater aller Dinge, der über allem und durch alles und in allem ist» (Epheser 4,6), der *all dies Sterben nach Hause holt*. Wie sähe es aus, wenn das nicht so wäre? Dann würde die riesige Zahl sehr kurzer Leben – denken Sie an Soldaten, die als junge Menschen im Krieg fallen, an Frauen, die im Kindbett sterben, an Ureinwohner, die an eingeschleppten Krankheiten verenden, an Kinder, die vor Hunger sterben, an gefolterte Gefangene – diese Welt zu einer ungeheuren griechischen Tragödie machen, die sich wohl niemand als irgendeine Art von Sieg für Gott oder sonst jemanden vorstellen könnte.

In dem Gekreuzigten sehen wir Gottes beständige Solidarität im Leiden, den Tragödien und Katastrophen aller Zeiten und Gottes Versprechen, dass sie nicht das letzte Wort haben werden.

Der Auferstandene ist Gottes letztes Wort über das Universum und Ausdruck seines Plans mit all dem Leiden.

Übers Sterben

In der gesamten Natur muss die eine Gestalt sterben und vergehen, damit Raum wird für eine andere, die auf sie folgt. Dieses Muster müsste eigentlich offensichtlich und klar sein, aber das ist es in weiten Teilen nicht – bis Sie wirklich die Muster beobachten oder regelrecht studieren, die in nahezu allem am Wirken sind.[77] Auch hier scheinen wir in grober Verleugnung zu leben.

Das Sterben Jesu muss in den Evangelien sehr klar und deutlich wiedergegeben werden; im Markusevangelium nimmt es fast die Hälfte des Textes ein. Dieser «notwendige Tod» muss überzeugend sichtbar gemacht werden, weil wir alle den Tod verleugnen und das Offensichtliche vermeiden wollen. Leider haben wir das notwendige Sterben Jesu in eine mechanischen Theorie von der Sühne verpackt, die ein «gerechter» Gott forderte – was ganz nebenbei das Licht von unserem eigenen notwendigen Sterben weglenkte. Jesus wurde tatsächlich zu unserem Sündenbock, aber nicht auf die von ihm beabsichtigte Weise. Indem wir unser eigenes notwendiges Sterben (Philipper 3,11) vermieden, haben wir stattdessen eine Art metaphysische Transaktion konstruiert und sie als «Bezahlung des Lösegeldes» oder «Öffnen der Tore» bezeichnet, die Jesus vollenden musste. Und dann haben wir ihn dafür angebetet, was verständlich ist, aber wieder den Punkt außer Acht lässt, *dass wir alle einen Preis dafür bezahlen müssen,* erwachsen zu werden und zu lieben.

Jesus hat nie gesagt: «Betet mich an!»; aber er hat oft gesagt: «Folge mir nach!» Wir haben eine Menge wertvoller Energie für Theorien der stellvertretenden Sühne verschwendet und dabei einen strafenden, kleinlichen Gott erschaffen – einen «Vatergott», der nicht in der Lage war zu vergeben, solange kein Blut floss.[78] Ist Gott so unfrei? Erinnern Sie sich: Das Ego liebt Wettbewerbe, in denen es Sieger und Verlierer gibt, und kann so etwas wie eine Situation, in der es keine Niederlage, sondern nur Gewinner gibt, nicht einmal richtig verstehen. Jesus wurde zu unserem Ersatz-Verlierer, und wir haben vermutlich gehofft, auf diese Weise der ganzen Sache zu entkommen.

Zum Glück haben wir Franziskaner offiziell nie an diese allgemein verbreitete Theorie der stellvertretenden Sühne geglaubt. Wir haben immer eine Art *alternative Orthodoxie* innerhalb des Katholizismus vertreten. In der Lehre von Johannes Duns Scotus war Jesus ein reines Gnadengeschenk und alles andere als notwendig (Johannes 1,16; Epheser 1,3–6). Gott hat vollkommen und absolut frei gehandelt, als er der Welt Jesus und den Christus geschenkt hat.[79] Die Inkarnation, die Geburt in Betlehem, war schon Gottes bedingungslose Entscheidung, ein Sich-Verschenken an uns. Die Inkarnation war schon die Erlösung. Und warum sollte ein freiwilliges Geschenk weniger schön sein als eine Notwendigkeit? Warum sollte ein Gewaltakt notwendig sein, um die Welt zu erlösen? Für uns *ist Jesus nicht gekommen, um Gott in seinem Urteil über die Menschheit umzustimmen, sondern um die Menschheit in Bezug auf Gott umzustimmen. Das ist «einfach und schön», wie Einstein es von jeder großen Wahrheit verlangt hat.*

Schon diese Lehre hat mich froh gemacht, ein Franziskaner geworden zu sein. Der Tod Jesu hat nicht irgendein kosmisches Problem gelöst, sondern uns unser menschliches Problem offenbart: *Dass wir in Furcht leben und dass wir töten, was wir doch lieben sollten.* Und was fürchten wir am allermeisten? Dass der Tod stärker sein könnte als die Liebe. Jesus hat beide Lügen durch sein Kreuz und seine Auferstehung für alle Zeit aufgedeckt und entlarvt. Davon singen wir an Ostern in all den fröhlichen Liedern über die Überwindung des Todes. Das große Muster, das zur Transformation, zur Verwandlung oder Auferstehung führt, sagt uns: Es gibt eine Tür, durch die du gehen musst, auch wenn diese Tür tausend verschiedene Formen hat. Du musst sterben, bevor du stirbst – und dann wirst du wissen, wie das Sterben geht, und du wirst keine Angst mehr davor haben. Der Auferstandene erscheint immer, wenn Ihr Falsches Selbst aufhört, sich anzuklammern, sich zu verteidigen, zu leugnen und sich oder anderen Vorwürfe zu machen. Dann tritt er einfach wie in der Erzählung bei Matthäus (28,9) an uns heran und sagt: «Hallo!»

Paulus hat an verschiedenen Stellen davon gesprochen, dass unser früheres Selbst «schon gekreuzigt wurde» (Römer 6,6). Das Falsche Selbst ist brüchig und flüchtig, und deshalb ist es schon «gar aus» damit. Seine Todesglocke hat schon geläutet. Es ist lediglich eine Frage der Zeit, bis Sie die Wahrheit berühren, und dann wird das Falsche umfallen wie ein klobiges Gerüst. Vermutlich wurden deshalb einige Heilige mit einem Totenschädel abgebildet, den sie in der Hand hielten oder anschauten. Es ging nicht um ein morbides Bild, sondern um eine Darstellung dieser schockierenden Erkenntnis und des vollständigen Bewusstseinswandels, der ihr folgt.

Sobald Sie die Wirklichkeit erfahren haben, wird das Unechte immer mehr zu einer Ablenkung oder Unterhaltung ohne Substanz. Sobald Sie der auferstandenen Gegenwart begegnet sind, fällt es Ihnen relativ leicht, die Vergangenheit und alle Belanglosigkeiten loslassen. Man könnte den Auferstandenen auch als «zukünftigen Schock» Gottes bezeichnen. Die Berichte in den Evangelien legen Wert darauf, dass die Auferstehung am ersten Tag der Woche «in aller Frühe» (Johannes 20,1) stattfindet, und deuten damit eine neue Schöpfung, einen neuen Anfang, ein neues «Im Anfang» (Genesis 1,3–5) an, aber jetzt als Anbruch eines ewigen Tages im österlichen Licht. Und natürlich sagen uns die Naturwissenschaftler inzwischen, dass alles Licht im Universum elektromagnetisch miteinander verbunden ist, dass also alles natürliche Licht in Wirklichkeit *ein einziges Licht* ist. Der Auferstandene ist die Personifikation dieses einen Lichts, das alles Licht umfasst. Deshalb wird der Bote der Auferstehung auch immer wieder als «blendend weiß» oder «wie ein Blitz» (Matthäus 28,3) beschrieben.

Anhaftung und Ablösung

Die wahre Beschaffenheit dessen, was wir Leben nennen, liegt darin, dass unsere Existenz, wenn wir in Verbindung mit unserem Wahren Selbst stehen, sich als irgendwie ewig, als Geschenk, als unendlich sich verströmend und im Innersten vertrauenswürdig offenbart (Römer 8,35–39). Ein solches Leben kann nicht sterben. Wahres Leben ist ewig, weil es alles einschließt. Das Leben ist, wie das Wasser, von sich aus einfallsreich und fließt überall hin, wo es fließen kann. Wahres Leben verwandelt sich immer in Liebe, vergibt allem, dass es ist, was es ist, und ist deshalb stärker als der Tod (Hohelied 8,6). Das ist die wahre, dauerhafte Bedeutung der Auferstehung Christi, und sie übersteigt alle Streitpunkte für oder gegen eine rein leibliche Auferstehung.

Bitte denken Sie daran, dass Sie das Falsche Selbst nicht fürchten, angreifen oder hassen müssen (dürfen!). Das würde die negative, arrogante Energie des Todes nur fortsetzen, und es ist ohnehin wahnhaft und kontraproduktiv. Es würde darauf hinauslaufen, den «Teufel mit dem Beelzebub auszutreiben», wie Jesus sagt. In der großen Ökonomie der Gnade wird alles verwendet und verwandelt, nichts geht verloren. Gott benutzt die verschiedenen Formen Ihres Falschen Selbst, um Sie darüber hinauszuführen. Denken Sie an die klare Botschaft Jesu an seine geliebte Maria Magdalena: Er verlangt von ihr nicht, dass sie ihre menschliche Liebe zu ihm unterdrückt, verleugnet oder zerstört. Er sagt nur zu ihr: «Halte mich nicht fest» (Johannes 20,17). Und er sagt damit: «Halt dich nicht an deinem bedürftigen Falschen Selbst fest. Wir sind alle auf dem Weg zu etwas viel Größerem und Besserem, Maria.» Das ist die spirituelle Kunst der Loslösung und des Loslassens, die in der kapitalistischen Weltsicht, in der Festhalten und Besitzen nicht nur die Norm, sondern das Ziel sind, keine große Rolle spielt. Sie sehen schon, wir sitzen ganz schön in der Falle.

Große Liebe hat sowohl mit Anhaftung («Leidenschaft») zu tun als auch mit Loslösung, und zwar gleichzeitig – denn wir sprechen von Liebe, nicht von Abhängigkeit. Die Seele, das Wahre Selbst, besitzt schon alles, und braucht deshalb nicht irgendein Einzelnes mehr. Wer alles sein Eigen nennt, muss nicht irgendein Einzelnes verteidigen. Die Begegnung von Jesus und Maria Magdalena am Ostermorgen mit seinem «Halt mich nicht fest» ist, so sagt man, diejenige Osterszene, die am meisten von Künstlern gemalt wurde. Die Fantasie der Künstler wusste, dass hier ein scheinbarer Widerspruch im Spiel war: intensive Liebe und doch angemessene Distanz.

Die Seele und der Geist neigen dazu, in Paradoxen zu lieben und zu schwelgen; sie arbeiten mit Resonanz und Spiegelung. Das Ego (das Falsche Selbst) dagegen will alle Paradoxe wortgewaltig auflösen und glaubt, dass es dazu in der Lage ist. Es arbeitet mechanisch und instrumentalisiert alles. Das ist nicht immer schlecht, aber es hat auf jeden Fall seine Grenzen.

Das Ego fände es am besten, wenn Maria Magdalena und Jesus in eine leidenschaftliche Liebesaffäre verstrickt wären. Natürlich sind sie Liebende, im tiefsten Sinne, aber nur das Wahre Selbst versteht es, sich eine Liebe «des bereits erfüllten Begehrens» vorzustellen und diese auch zu genießen. Das Wahre und das Falsche Selbst sehen die Dinge unterschiedlich; beide sind notwendig, aber das eine ist besser, größer und letztlich ewig.

Gott und der Tod

In Gott gibt es weder Hass noch Gewalt. Das absolute Zulassen aller Geschichte sollte bereits deutlich machen, dass Gott nicht gewalttätig, strafend oder auch nur kontrollierend sein kann. Gott hat die Folter der Inquisition ebenso wenig aufgehalten wie die Gaskammern des Holocaust. Auf seine Weise benutzt er den Tod und unsere eigenen Fehler, ja das Böse selbst, um uns allen das Leben in Fülle zu schenken. Aber er bestraft uns nicht mit Katastrophen, ebenso wenig wie er Katastrophen aufhält. «Weder er noch seine Eltern haben gesündigt», sagt Jesus. «sondern das Wirken Gottes soll an ihm offenbar werden» (Johannes 9,3). Gottes vollkommene Hingabe an die Liebe wird zur vollkommenen Hingabe an die Freiheit, was die Aufgabe allen Zwangs und aller Kontrolle mit sich bringt. Gott ist ganz eindeutig kein Polizist. Das heißt, sowohl Gott als auch wir zahlen einen hohen Preis, der sich im zerbrochenen Leib Jesu offenbart.[80] Aber Gott kann nicht anders handeln, denn er ist die Liebe selbst (1 Johannes 4,8.16), und das ist jetzt wohl die einzige Art von Macht, die er nach der ursprünglichen Allmacht des Schöpfungshandelns einsetzt.

Inzwischen dürften Sie erkannt haben, dass *unsere Angst vor dem Tod tatsächlich eine Angst vor Gott ist. Wenn wir die eine auflösen, lösen wir die andere mit auf.* Die vollständige Lösung der Gottesfrage würde zu einer vollkommenen Lösung der Todesfrage führen. Und wir haben das Mittel zu unserer Verfügung, das wir dafür brauchen. Dieses Mittel nennen wir: Dreieinigkeit. Gottes Dreieinigkeit bedeutet, dass Gott ein Ausströmen in eine Richtung ist. Gott ist immer dafür, nie dagegen. Ich will versuchen, das zu erklären. (Als ob man die Dreieinigkeit jemals erklären könnte …)

Die Vorstellung von Gott als Dreieinigkeit ist die Grundlage für alles christliche Denken, und doch hat sie nie diese Rolle gespielt! Unser dualistisches Denken hat die ganze Angelegenheit dahin geschoben, wo sie uns nicht mehr peinlich berühren konnte. Kein guter Christ würde sie abstreiten, aber, wie Karl Rahner sagte: «Man wird also die Behauptung wagen dürfen, dass, wenn man die Trinitätslehre als falsch ausmerzen müsste, bei dieser Prozedur der Großteil der religiösen Literatur fast unverändert bleiben könnte.»[81] Viele fürchten noch, dass eine trinitarische Vorstellung Gottes allzu christlich wäre, ein mathematisches Rätsel, ein harmloses Kleeblatt, oder dass sie irgendwie dem Monotheismus widersprechen könnte. Dabei hat eine gute trinitarische Theologie im interreligiösen Dialog oft genau die entgegengesetzte Wirkung.

Zunächst besagt sie, dass Gott eher ein Verb als ein Substantiv ist: Gott ist gleich drei «Beziehungen», womit die meisten Gläubigen bereits gedanklich überfordert sind. Und doch eröffnet sich hier eine ehrliche Vorstellung von Gott als Mysterium, das mit unserem rationalen, instrumentalen, mechanischen Geist niemals ganz durchdrungen werden kann. Gott ist eher ein Prozess als ein klarer Name oder eine Idee, Gott ist Gemeinschaft, das «Sein zwischen», niemals eine isolierte Gottheit, die unser Geist erfassen kann.

Christen glauben, dass Gott Gestaltlosigkeit ist (der Vater), aber auch Gestalt (der Sohn) und die Energie des Lebens und der Liebe zwischen den beiden (der Heilige Geist). Die drei schließen einander nicht aus, im Gegenteil. Gott ist die Beziehung an sich und wird nur in Beziehung erkannt, was ein großes Gespräch mit der Welt der Naturwissenschaften, der Physik und auch der Psychotherapie eröffnet. Was für eine wunderbare Überraschung – und doch benennt sie alles in seinem Kern, vom Atom bis zum Ökosystem, zur Familie, zu den Galaxien. Die Lehre von der Dreieinigkeit wurde formuliert, um das dualistische Denken zu besiegen und uns einzuladen zu einer nicht-dualen, ganzheitlichen Bewusstheit. Sie hat das Streitprinzip der Zwei durch das dynamische Prinzip der Drei ersetzt. Sie hat uns in den wunderbar offenen Raum des «nicht eins, aber auch nicht zwei» gestellt. Setzen Sie sich einmal ein paar Minuten hin und staunen Sie darüber.

Der wichtigste Punkt für mich – und ich hoffe, die Wissbegierigeren unter Ihnen werden hier weiterlesen[82] – ist die Tatsache, dass die älteste und gediegenste Theologie der Dreieinigkeit, entwickelt von den kappadozischen Vätern des 4. Jahrhunderts und übernommen von den Konzilien der Kirche, Folgendes aussagt: Gott ist ein Kreistanz *(perichoresis)* vollkommener Ausgießung und vollkommenen Empfangens zwischen innig miteinander verbundenen Partnern, die ihr vollkommenes Selbst an den Andern weiterreichen, vom

Andern empfangen und die Selbstentäußerung der Liebe an einen Dritten weitergeben.

Wie Catherine LaCugna am Ende ihres Buches *God for Us,* ihrer monumentalen Untersuchung der Geschichte der Trinitätslehre, sagt: Wenn sie wahr ist, dann ist jede Vorstellung von Gott als nicht gebend, nicht ausströmend, sich nicht hingebend, nicht vollkommen liebend *theologisch unmöglich und absurd. Gott liebt ausschließlich und immer.*[83] Sie können das überströmende Wasserrad des göttlichen Mitgefühls und der Barmherzigkeit nicht umkehren, anhalten oder einschränken. Es dreht sich nur in eine stetige und ewige Richtung – hin zu immer mehr Leben, immer mehr schöpferischem Leben und hin zu einer Liebe, die stärker ist als der Tod. Alle Personalität ist empfangene Personalität, niemals aus sich selbst erschaffen.

Die Welt der Naturwissenschaften, der Biologie und der Astrophysik bestätigt diese trinitarische Wahrheit inzwischen aus verschiedenen Blickwinkeln. Diese Fachrichtungen sehen, dass die gesamte Schöpfung Beziehung ist. Alles ist ein ständiger Gestaltwechsel durch einen unaufhaltsamen Prozess von Verlust und Erneuerung, Tod und Auferstehung, Aufgabe des Selbst und Finden eines größeren Selbst – wie bei Gott und in der Lehre Jesu. Ich hoffe, das macht es uns möglich, dem Tod und Gott zu vertrauen und auch in uns selbst ein bisschen mehr Vertrauen zu setzen. Selbst die Augenblicke, in denen es zwei Schritte rückwärts zu gehen scheint, nützen den drei Schritten nach vorn.

Wenn ein Wasserrad sich dreht, fliegen Spritzer nach hinten, aber sie halten das Rad des Lebens nicht davon ab, sich in seine eine Richtung zu drehen, eine Bewegung, die kein Ende nimmt und großzügig austeilt. Genau deshalb können wir sagen: Du musst dich vor dem Tod nicht fürchten, und du musst dich vor Gott nicht fürchten.

Achtes Kapitel

Intimität mit allem

> Brüder, fürchtet euch nicht vor der Sünde der Menschen,
> liebt den Menschen auch in seiner Sünde, denn nur eine
> solche Liebe wäre ein Abbild der Liebe Gottes und die
> höchste irdische Liebe. Liebet die ganze Schöpfung Got-
> tes, das ganze Weltall wie jedes Sandkörnchen auf Erden.
> Jedes Blättchen, jeden Lichtstrahl Gottes liebet. Liebet
> die Tiere, liebet die Gewächse, liebet jegliches Ding.
> Erst wenn du jedes Ding lieben wirst, wird sich dir das
> Geheimnis Gottes in den Dingen offenbaren.
>
> *Fjodor Dostojewski: Die Brüder Karamasoff*

Intimität kann man beschreiben als unsere Fähigkeit zur
Nähe und Zärtlichkeit. Häufig zeigt sie sich in Augenblicken riskanter Selbstoffenbarung. Intimität lässt sich selbst
hinaus und den anderen herein. Sie ermöglicht alle Liebe und
enthüllt doch auch unsere absolute Unfähigkeit, so wiederzulieben, wie es der andere verdient hätte. Deshalb umfasst
intime Nähe auch Einsamkeit, aber eine gute Form der Einsamkeit. In Augenblicken der Nähe *werden Sie von etwas berührt, das Sie noch nicht ertragen oder tragen können, aber Sie
genießen bereits die Berührung und die Einladung zum Tragen.*
Nach einer Begegnung vertrauter Nähe sind Sie immer größer

als vorher. Tatsächlich könnte dies durchaus die einzige Möglichkeit sein, spirituell zu wachsen. Es ist immer Gnade.

Als ich die Auferstehungsberichte studierte, begann ich zu sehen, was inzwischen ganz und gar offensichtlich für mich ist: Diese Texte offenbaren sowohl Christus als auch das Wahre Selbst als tiefe Fähigkeit zur Intimität mit uns selbst und mit allem, vielleicht sogar mit dem Leben selbst. Angefangen beim «schneeweißen» Gewand des Auferstehungsboten und seinem Aussehen, das hell war «wie ein Blitz» (Matthäus 28,3), lesen wir, wie die Wirklichkeit der Auferstehung sich selbst vorstellt: als vollkommene Durchsichtigkeit, Zugänglichkeit und strahlende Sichtbarkeit. Das Wahre Selbst ist mitgeteiltes und mitteilbares Selbst, wenn es denn das Wahre Selbst sein soll.

Aber es geht um noch mehr. Der auferstandene Christus geht auf andere zu und verlangt nicht von ihnen, dass sie nach ihm suchen (Matthäus 28,9.16.18). Sein «Ich bin bei euch alle Tage» (28,20) entspricht der Art, wie Liebende sich die Treue erklären: zu Beginn einer Beziehung oder bei der Hochzeit. Jesus erscheint zuerst seiner Freundin Maria Magdalena und nicht seiner Mutter – durchaus nicht unproblematisch. Die Katholiken waren jedenfalls irritiert, weil sie der Ansicht waren, eigentlich sollte die «Jungfrau Maria» die Erste sein (für Leute mit sexuellem Argwohn natürlich aus naheliegenden Gründen und für Juden, weil eine jüdische Mutter erwarten würde, dass ihr Sohn zuerst zu ihr kommt). Aber wie auch immer: Die gebräuchlichste biblische Formulierung für die Begegnung mit dem Auferstandenen lautet: dass er *sich ihnen zeigte* (Markus 16,12; Johannes 21,1) – ein sehr intimes Wort. Bei Lukas schließt er sich einem Spaziergang zweier ganz normaler Reisender an, fordert sie auf, ihm von ihrem Kummer zu erzählen, und nimmt ihre Einladung an, bei ihnen zu bleiben. Als er sie verlässt, sitzen sie mit «brennendem Herzen» da. Er erzählt ihnen die Geschichte seines eigenen Lebens – er öffnet sich ihnen, wie wir sagen würden –, und natürlich öffnet er ihnen die Augen (vgl. Lukas 24,31–32).

Bei den schreckensstarren Jüngern taucht eine Erscheinung «aus Fleisch und Blut» auf, gerade als sie am meisten «erschrocken und von Furcht ergriffen» sind (Lukas 24,37–39), und bietet sich ihnen mit Leib und Seele dar: «Ich bin es. Fasst mich doch an und seht!» (24,39). Und er zeigt ihnen seine durchbohrten Hände und Füße. Sie können «vor Freude noch immer nicht glauben und nur staunen» (24,41), und es ist die Sprachlosigkeit und das Staunen einer wiedererlangten Einheit, wie das anhaltende Lächeln auf dem Gesicht eines Liebenden nach dem Ende einer schmerzhaften Entfremdung.

In allen Berichten trägt der Auferstehungsleib noch die Narben Christi und offenbart sie auch: Hände, Füße und Seite werden erwähnt. Das bedeutet: Auferstehung heißt nicht, die Verletzungen zu leugnen, zu vergessen oder auch nur ganz zu heilen. Es geht immer um *verwandelte Wunden.* Sie tragen Ihre Narben für immer, als Botschaft und Trophäe, und in gewisser Weise tun sie noch «weh», was Sie nachdenklich und demütig bleiben lässt, aber Ihre Wunden lassen es nicht mehr zu, dass Sie andere Menschen verletzen. Verwandelter Schmerz ist nicht länger Schmerz, den man anderen zufügt.

Bei Johannes kommt es zu einer Begegnung mit dem Jünger, «den Jesus lieb hatte» und der schneller glaubt als sein Chef Petrus. Schon die Tatsache, dass der Text sich die Mühe macht, dieses Wettrennen zum Grab zu beschreiben, ist von Bedeutung. Seine Aussage ist: Die Liebe bringt dich schneller zur Auferstehung als Macht, Amt oder Rolle (Johannes 20,3–10). Hier erkennt Maria Magdalena Jesus nicht, als sie ihn sieht, sondern als er sie beim Namen ruft (20,16). Und sie schließt den Kreis des Austauschs, indem sie mit der Anrede «Meister» erwidert. Seine rätselhafte Aufforderung «Halt mich nicht fest» macht echte Nähe erst möglich. Intimität ist nur zwischen zweien möglich, die in ihrer Identität ruhen: Es geht nicht um ein Vermischen oder Verschmelzen, wie wir immer wieder sagen, wenn wir nicht-duales Denken lehren: «Nicht zwei, aber auch nicht eins.»

Dass Jesus zweimal durch geschlossene Türen geht (Johannes 20,19.26), ist ein offensichtlicher Hinweis auf Risiko und Preis der Selbstoffenbarung, vor allem da jedes Mal erwähnt wird, dass er den Jüngern seine Hände und seine Seite zeigte. Zu Thomas sagt er herausfordernd: «Reiche deinen Finger her und … reiche deine Hand her und lege sie in meine Seite» (20,27) – ein ungewöhnlicher Austausch männlicher Intimität, der eine ekstatische Reaktion des Glaubens und der Anbetung auslöst.

Und schließlich lädt Jesus Petrus ein, ihm dreimal auf eine Frage zu antworten, die leicht als unmännlich gelten könnte, auf jeden Fall aber als Zeichen der Verletzlichkeit: «Liebst du mich?» (Johannes 21,15–17). Zum Glück antwortet Petrus nicht einfach nur «Ja, ich liebe dich», sondern er sagt: «Du *weißt,* dass ich dich liebe.» Das wünschen sich Menschen, die einander nah sind, voneinander – nicht nur die Einheit, sondern dass der andere diese Einheit ebenso erlebt und genießt wie sie. Dieses Aufwallen von Begeisterung haben wir wohl alle schon erlebt, und genau in diesem Wissen besteht die Freude von Liebenden und engen Freunden aneinander.

Das innere Wissen von Gottes Liebe ist in sich schon die Gegenwart der göttlichen Einwohnung; sie wird auch als Freude beschrieben (Johannes 15,11). Petrus wird bald begreifen, dass seine dreimalige Verleugnung Jesu in der Nacht der Verhaftung durch Gottes Gnade aufgehoben und ausgelöscht worden ist, indem er dreimal Gelegenheiten erhält, Jesus seine Liebe zu erklären (ohne dass Jesus seine Verleugnung auch nur erwähnt). Dieser wunderschöne Austausch zwischen Jesus und Petrus lehrt uns ganz klar, wie Gott mit der Seele, mit dem Wahren Selbst umgeht. So schützt und belebt jeder wahre Freund den anderen. Und wie könnte die göttliche Liebe jemals kleiner sein als der liebevollste Freund, den Sie im Leben hatten?

Was kommt zuerst? Versetzt uns das Gefühl, von Gott sicher gehalten zu sein, in die Lage, auch mit anderen Menschen entsprechend umzugehen? Oder schenkt uns menschliche Zärtlichkeit erst die Fähigkeit, uns vorzustellen, dass Gott genauso sein muss, nur in unendlicher Weise? Ich halte den Ausgangspunkt nicht für bedeutsam; wichtig ist, dass wir uns von der einen oder anderen Seite dem großen Geheimnis nähern.

Ja, «Geheimnis» oder gar «verborgenes Geheimnis» – so haben Leute wie der Psalmdichter (Psalm 25,14), Paulus, Rumi, Hafis, Bonaventura, Lady Juliana und viele Mystiker es genannt. Und aus einem traurigen Grund scheint es ein wohlgehütetes Geheimnis zu sein. Jesus preist Gott, weil er «dies den Gebildeten und Klugen verborgen, den Kleinen aber offenbart» hat (Matthäus 11,25). Aber was ist es nun, das die Gelehrten und Klugen so oft nicht sehen können? Und warum sehen es nur die «Unmündigen»?

Das große und verborgene Geheimnis ist: Ein unendlicher Gott sucht und wünscht sich Intimität mit der menschlichen Seele. Sobald Sie eine derartige Nähe erleben, kann nur noch die intime Sprache der Liebenden beschreiben, was in Ihnen vorgeht: Mysterium, Zärtlichkeit, Einzigartigkeit, Besonderheit, Veränderung der Regeln «für mich», Nacktheit, Risiko,

Ekstase, unablässiges Verlangen und natürlich auch Leiden. Das mystische Vokabular der Heiligen.

Unsere größten Geheimnisse und tiefsten Sehnsüchte werden anderen normalerweise dann offenbar (und auch von uns selbst entdeckt), wenn wir Kummer, Versagen oder Not erfahren – wenn wir sehr verletzlich sind und uns ganz und gar geborgen fühlen in den Armen von jemandem, der uns liebt. Deshalb haben alle «Kleinen» so einen riesigen Vorsprung. Wenn es in dieser Verletzlichkeit zu einem Austausch kommt, gibt es immer eine Seinserweiterung auf beiden Seiten; danach sind wir größere und bessere Menschen. Diejenigen, die nie an diesen Punkt kommen, bleiben oberflächlich und ohne Verbindung mit sich selbst. Normalerweise erlebt man das als Mangel an Substanz oder gar Echtheit in einer Person. Menschen, die alle Nähe vermeiden, wissen nicht, wer sie tief drinnen sind – und können anderen nicht erzählen, wer sie sind. Das ist das wirklich «Böse» an rein promiskuitivem Sex.

Nur an einem Ort zärtlicher Nähe kann Gott uns in aller Sicherheit sein «Inneres» offenbaren. Selbstgenügsame Menschen bleiben Außenseiter für das Geheimnis der göttlichen Liebe, weil sie es immer missbrauchen werden. Sie haben diese Möglichkeit tatsächlich blockiert und durch ihre Härte sein Zusammenspiel von Geben und Nehmen zum Stillstand gebracht. Viele Mystikerinnen und Mystiker sprechen davon, dass Gott sich gelegentlich «versteckt». Ich glaube, so funktioniert die Liebe zwangsläufig: Sie können nur dann mehr geben, wenn Sie sehen, wie der andere mit der ersten Dosis Liebe umgeht. Ist damit ein Kanal eröffnet oder verschlossen worden? Die göttliche Liebe wird solange immer weiter ausgegossen, wie wir sie nicht «missbrauchen» oder für uns behalten. Wenn Sie versuchen, unendliche Liebe zu missbrauchen, dann «versteckt» sie sich, und Sie kommen nicht mehr tiefer. Aus diesem Grund bleiben so viele Menschen auf der Ebene der reinen «Religion» stecken, und das ist auch gemeint, wenn Jesus sagt, «dem, der hat, wird gegeben, und er wird Überfluss haben. Wer aber nicht hat, dem wird auch das genommen werden, was er hat» (Matthäus 13,12). Hier geht es nicht um spirituellen Kapitalismus, sondern um die Art, wie die Liebe funktioniert.

Nur die Bedürftigkeit eines Geliebten weiß, wie man die Bedürftigkeit und die Geschenke eines Liebenden empfängt, und nur die Bedürftigkeit eines Liebenden weiß, wie man die Bedürftigkeit und die Geschenke eines Geliebten empfängt, ohne diese Liebe zu missbrauchen. Eine wechselseitig zugestandene Leere ist das eigentliche Sicherheitsnetz jeder Liebe, und in der Heiligen Schrift wird uns selbst Gott als jemand vorgestellt, der unsere Liebe «braucht» und «eifersüchtig» ist (Exodus 20,5; 34,14). Im Grunde genommen ist Liebe nur in der Demut möglich. Mein Vater, der heilige Franziskus, verliebte sich in die Demut Gottes – ein Wort, das die meisten von uns nicht einmal in Gedanken mit Gott verbinden würden.[84]

Sattheit in einem Menschen lässt die Liebe nicht zu, weil es keine Öffnungen, keine Griffe, kein Geben und Nehmen und keinen tiefen Hunger gibt. Das ist, als würde man zwei aufgeblasene Ballons zusammenfügen wollen. Menschliche Verletzlichkeit gibt der Seele einen ungeheuren Vorsprung auf ihren Wegen – vielleicht sogar den einzigen Ausgangspunkt für eine echte spirituelle Reise. Der Auferstandene schickt uns also auf den Weg, indem er die *menschlichen Wunden Gottes* zeigt, Gottes vollkommene Solidarität mit dem menschlichen Leiden. Er beginnt vonseiten Gottes mit der Selbstoffenbarung, die idealerweise zur Selbstoffenbarung von unserer Seite führt. Für mich hat sich die Bibel erst in den 1960er Jahren erschlossen, als das Zweite Vatikanische Konzil erklärte, bei der göttlichen Offenbarung gehe es nicht um die Offenlegung von Gedanken, sondern Gott offenbare damit tatsächlich «sich selbst».[85] Plötzlich waren die Heilige Schrift und die Religion für mich keine Lehren oder Moralvorschriften mehr, sondern es ging um den Austausch von Liebe, einen echten gegenseitigen Austausch von Sein und Nähe.

Die Mystiker, solche wie Mose (Exodus 33,12–23), Jesus (Johannes 5,19–20) und der Evangelist Johannes (1 Johannes 1,1–3), die von sich behaupten, Gott persönlich zu kennen, sind sich stets der Tatsache bewusst, dass sie ein großes, wunderbares Geheimnis der Liebe erfahren haben. Wer nicht eingeweiht ist in einen inneren Dialog, in eine Art von Ich-Du-Beziehung, der wird solche Menschen anmaßend, emotional, albern oder gar arrogant nennen. Wie können sie behaupten, dass sie in tatsächlicher Einheit mit dem Göttlichen leben? Aber dies ist zweifellos «Gottes Geheimnis, in dem alle Edelsteine von Weisheit und Wissen verborgen sind» (Kolosser 2,3). Die Eingeweihten wissen: «Jeder, der liebt, stammt von Gott und erkennt Gott. Wer nicht liebt, hat Gott nicht erkannt; denn Gott ist die Liebe» (1 Johannes 4,8). Dieser erstaunliche, nicht oft genug zitierte Satz enthüllt Ihnen das große Geheimnis und macht es gleichzeitig allgemeingültig und allen Menschen zugänglich.

Wie kann man nun aber anderen Menschen etwas mitteilen, was in sich ein Geheimnis ist? Kann man das überhaupt? Wie kann das Geheimnis aus dem Verborgenen gezogen werden? Es kommt aus dem Versteck, wenn Menschen sich nicht mehr verstecken – vor Gott, sich selbst und wenigstens einem einzigen Menschen. Das Hervortreten unseres Wahren Selbst ist tatsächlich die große Auflösung des Geheimnisses. Eine solche riskante Selbstoffenbarung ist gemeint, wenn ich von

Intimität spreche, und durch Intimität wird Liebe vermittelt. Einige sagen, das Wort stamme vom lateinischen *intimus* ab und beziehe sich auf das Innere. Andere sagen, es habe eine noch ältere Bedeutung und stamme von *in timore,* was so viel heißt wie «in Angst». In jedem Fall ist der entscheidende Punkt klar: Intimität ereignet sich, wenn wir unser Inneres offenbaren und enthüllen, und dieser Vorgang löst immer auch Angst aus. Man weiß nie, ob der andere annehmen kann, was da enthüllt wird, ob er es respektieren wird oder davonläuft. Man muss auch auf eine Zurückweisung gefasst sein. Es ist immer ein Risiko. Der Schmerz einer Zurückweisung nach einer Selbstoffenbarung ist so groß, dass Menschen oft ein ganzes Leben brauchen, bevor sie es noch einmal riskieren.

Weil ich Priester und schon etwas älter bin und weil ich einen gewissen Ruf in der Öffentlichkeit habe, passiert es leicht, dass mich Menschen auf ein ganz falsches Podest stellen. Viele entscheidende Durchbrüche in der geistlichen Begleitung oder in der Seelsorge haben sich jedoch ereignet, wenn ich meinem Gegenüber meine eigenen Kämpfe, Fehlschläge, Sünden, Bedürftigkeiten und Schwächen spiegelte. Und ich versichere Ihnen, da gibt es genug. Erst dann kann die Mitteilung funktionieren. Sobald die Leute wissen, dass ich nicht über ihnen oder weit vor ihnen stehe, sondern genauso vor mich hin taste wie sie, öffnen sich unweigerlich die Schleusentore. Wenn Richard nicht perfekt ist, denken sie offenbar, dann kann ich meine tieferen Geheimnisse auch rauslassen.

Unsere Furcht vor Unterlegenheit und dem harten Urteil der anderen schließt alles in uns ein. Hier übernimmt zweifellos unser Falsches Selbst die Kontrolle, weil es jeden Kontrollverlust fürchtet. Und wie habe ich dieses Muster von Spiegelung und Selbstoffenbarung gelernt? Weil viele Menschen dasselbe bei mir getan haben. Selbst Jesus hat mir sein «heiligstes Herz» offenbart.[86] Spirituelle Weisheit wird von Mensch zu Mensch weitergegeben, und das ist die wahre, bleibende Bedeutung der «apostolischen Sukzession».[87] Sie können nur das verschenken, was Sie selbst als Geschenk empfangen haben.

Gott geht dieses Risiko in jedem Augenblick unserer Existenz ein, und die meisten von uns laufen vor einer derart unmöglichen göttlichen Verführung davon: «Siehe, ich habe dich auf meine Hände gezeichnet», sagt JHWH zu Israel (Jesaja 49,16). Oder, wie Paulus es formuliert: Wir sind Söhne (und Töchter) und Erben, keine Sklaven oder Knechte (Galater 4,7). Wie, so fragen wir, konnte Gott, «obschon er reich war», um unsretwillen so arm werden, wenn nicht, damit wir «durch seine Armut reich» würden (2 Korinther 8,9)? Und genau so vollzieht sich der Augenblick der Intimität, immer wieder, selbst wenn er von Gott ausgeht. Es ist immer ein Augenblick der «Armut» von der einen oder anderen Seite – oder von beiden. Es ist die Öffnung, auf die wir warten und die wir ersehnen. Dann ruft die eine Seite die andere hervor und erschafft sie, und keine Seite braucht oder wünscht sich das Verdienst davon. Ich hoffe, Sie sind schon einmal an diesem Punkt gewesen, denn sonst haben Sie etwas ganz Wichtiges noch nicht erfahren. Hier geht es um das Wesen dessen, was wir mit Gnade meinen, um die Ekstase der Nähe.

Wir brauchen einander und gehören zusammen, sagt die Liebe. Wir gehören uns nicht selbst. Das ist der Grund, warum der heilige Franziskus das Wort «Armut» (italienisch *povertà)* liebte und warum er Demut und Verletzlichkeit als die schockierende, unmögliche Natur Gottes sah, wie sie ihm in Jesus offenbart wurde (Philipper 2,6–8). Armut ist vermutlich das franziskanische Wort für Intimität, und deshalb wollte Franziskus die Armut sogar heiraten. Bezeichnenderweise beginnt Jesus seine Bergpredigt mit einer Seligpreisung der «Armen im Geist» (Matthäus 5,3). Gott konnte uns nur lehren, zu sein, wie er selbst ist. Es ist die Demut und Armut Gottes, in die sich Franziskus verliebt, sie hat er geheiratet. Ein Falsches Selbst könnte die splitternackte Armut dieser unfassbaren Intimität mit Gott nicht ertragen. Wenn es keine anderen Hinweise in seinem Leben gäbe, so würde doch seine Bereitschaft, ja sein Verlangen danach, einen «armen» Gott zu lieben, offenbar machen, wie vollständig Franz von Assisi von seinem Wahren Selbst her lebte.

Es ist fast unmöglich, sich in Majestät, Macht oder Perfektion zu verlieben. Diese Eigenschaften jagen uns Angst ein und machen uns co-abhängig, aber selten wirklich liebevoll. Auf eine bestimmte Art kann sich Liebe nur zwischen Gleich und Gleich entwickeln, und Verletzlichkeit ebnet das Spielfeld. Christen glauben, dass Gott auf irgendeine Weise uns gleich geworden ist, als er zum menschlichen «Jesus» wurde – ein Name, der zweifellos der verletzliche Name Gottes ist.

Wahre menschliche oder göttliche Intimität ist selten und für die meisten von uns sehr schwierig, vor allem aber für uns Männer und für alle, die sich für «wichtig» halten, die also darauf trainiert sind, ihre Grenzen zu schützen, in die Offensive zu gehen und alle Schwäche und Bedürftigkeit zu fürchten. Gott hat diese Eisbarriere angetaut, indem er ausgerechnet als Mann in die Welt kam, in der Person Jesu, der die Männlichkeit selbst dann als nackt, bedürftig, ans Holz genagelt freigelegt hat. Die meisten Kulturen würden das als verrückt, herzzerreißend und vollkommen unmöglich bezeichnen. Nur wer selbst schon an irgendeinem Kreuz gegangen hat, kann diese Peinlichkeit anschauen, ohne sich unangenehm berührt wegdrehen zu müssen (Sacharja 12,10). Und deshalb setzt sich die Übermittlung des Geheimnisses, des inneren göttlichen Mysteriums, in Raum und Zeit vor allem durch diejenigen fort, die Jesus immer wieder als «Kleine» und «geistlich Arme» bezeichnet. Er selbst ist einer von ihnen geworden.

Lassen Sie mich diesen Gedanken beenden, indem ich auf einen Blog hinweise, den ich vor Kurzem geschrieben habe. Ich war erstaunt über die Qualität und Menge der Antworten.[88] Wenn so eine Reaktion auftritt, dann wissen Sie, dass Sie für die Menschen «die Wahrheit» getroffen haben. Dort jedenfalls habe ich ungefähr Folgendes geschrieben: Ich glaube, dass viele von uns Männern, erst recht zölibatär lebende Männer, ganz große Angst vor Nähe haben. Ich setze das einigermaßen absolut: Menschen, die Nähe riskieren, sind unweigerlich glücklicher und viel «echter». Es fühlt sich so an, als hätten sie eine Menge «Griffe», die es anderen gestatten, sich an ihnen festzuhalten und die auch ihnen selbst Halt geben. Menschen, die Intimität vermeiden, sind immer – und ich meine wirklich: immer – im Kreis ihrer kleinen Welt eingesperrt. *Nähe ist die einzige Tür zum Tempel der menschlichen oder göttlichen Liebe.*[89]

Immerhin hat das Zölibat ein Gutes: Es macht uns klar, dass ein Großteil dessen, was wir Sex nennen, mit Intimität nicht das Geringste zu tun hat. Das Gute an einer gesunden Sexualität ist, dass sie ein offensichtliches, ideales Gefäß für wahre Intimität schafft, zumindest gelegentlich. Ich frage mich, wie ein Mensch, der nie das Risiko der Selbstoffenbarung mit mindestens einem anderen Menschen eingegangen ist, wissen soll, wie sich Nähe und Vertrautsein mit Gott anfühlt. Tatsächlich habe ich Zweifel, dass das überhaupt möglich ist. (Ich schreibe das in einer befremdlich sexualisierten Welt und nachdem ich fast fünfzig Jahre in einer zölibatären Männergemeinschaft lebe und Erfahrungen in Beratung, sowohl als Seelsorger wie als Hilfesuchender, gesammelt habe.)

Intimität ist nicht nur ein wohlgehütetes Geheimnis der Seele, nicht nur ein Mysterium, das jeder Logik widerspricht, nicht nur eine Armut, die wir vermeiden. Ich glaube, Nähe, in der wir verletztlich sind, ist der Eingang und der Dreh- und Angelpunkt zwischen aller menschlichen und göttlichen Liebe. Es ist unerheblich, was zuerst kommt; es geht nur darum, dass wir durch diese Tür der Angst gehen und herausfinden, was in uns – und auf der anderen Seite der Tür – lebt.

Vertraute Liebe ist der wahre Tempel, nach dem wir uns alle sehnen. Ich denke, wir müssen uns sehr danach sehnen, zu lieben und geliebt zu werden – sonst werden wir uns diesem fremden Tempel niemals nähern und unser Wahres Selbst niemals finden. Deshalb hat uns Gott einen Gefallen getan und uns so erschaffen, dass wir uns abgrundtief und endlos danach sehnen, geliebt zu werden und zu lieben. Und deshalb soll am Ende dieses Kapitels noch einmal das Zitat aus dem viel zu selten zitierten 1. Johannesbrief stehen (1 Johannes 4,8):

Wer liebt, stammt von Gott und erkennt Gott.
Wer nicht liebt, hat Gott nicht erkannt;
denn Gott ist die Liebe.

Neuntes Kapitel

Liebe ist stärker als der Tod

> Macht euch bereit für Christus, dessen Lächeln wie ein
> Blitz das Lied der ewigen Herrlichkeit freisetzt, die jetzt
> schläft – in eurem papierenen Fleisch.
>
> *Thomas Merton*

Was sagt Ihnen also dieses Buch? Verändert es Ihr Leben so sehr, erschüttert es Ihren Tod so sehr, wie ich es mir erhoffe? Dekonstruiert es den größten Teil aller Religion und rekonstruiert sie zugleich? Nimmt es Ihnen eine schwere Last von den Schultern und von Ihrem Herzen? Es sollte so sein, auch wenn nur die Hälfte davon, was ich geschrieben habe, es getroffen hat. Es könnte so sein, selbst wenn nur die Hälfte davon bei Ihnen angekommen ist. Und irgendwann *wird* es so sein, denn es geht um die Wahrheit, wie sie ist, und die ewigen Muster werden sich früher oder später zeigen, ob ich sie nun gut formuliere oder nicht, ob Sie sie jetzt oder später hören.

William Stafford hat all das nahezu vollendet ausgedrückt in seinem Gedicht mit dem zutreffenden Titel *The Way It Is:*

Es gibt einen Faden, dem du folgst.
Er führt durch Dinge, die sich verändern. Aber er verändert
   sich nicht.
Die Menschen fragen sich, wonach du suchst.

Du musst ihnen den Faden erklären.

Aber andere können ihn kaum sehen.

Solange du ihn festhältst, gehst du nicht verloren.

Tragödien geschehen, Menschen werden verletzt oder sterben;
und du leidest und wirst alt.

Nichts, was du tust, hält die Entfaltung der Zeit auf.

Du lässt den Faden niemals los.[90]

Mein Begriff für den Faden, von dem Stafford spricht, ist das *Wahre Selbst* – der unsterbliche Diamant, nach dem wir in diesem Buch gegraben haben. Ihr Wahres Selbst ist, wer Sie sind und in Gott immer schon gewesen sind, und im Kern ist es die Liebe selbst. Liebe umfasst beides: wer Sie sind und wer Sie noch sein werden, wie ein Sonnenblumenkern, der zu seiner eigenen Sonnenblume wird. Während des größten Teils der Menschheitsgeschichte wurde das Wahre Selbst «Seele» genannt – oder «dein Teil am ewigen Leben Gottes». Die große Überraschung und Ironie liegt in der Tatsache, dass «Sie» – oder wer Sie zu sein glauben – nichts mit seiner ursprünglichen Schöpfung oder seinem Hinscheiden zu tun haben. Es ist wie eine vollkommene Entmachtung und Ermächtigung zur gleichen Zeit, nicht wahr? Sie können es nur nähren, und das ist schon sehr viel. Liebe wird zur Liebe in dieser einzigartigen Gestalt namens «ich».

Wenn man Paulus folgt, ist es eine ganz und gar gemeinsame Anstrengung (Römer 8,28), und meine eigene beschränkte Erfahrung bestätigt das. Gott drängt sich uns nicht auf oder nötigt Sie durch irgendwelche Drohungen zum Leben oder zur Liebe. Gott verführt Sie, aber er nötigt Sie nicht (Jeremia 20,7; Matthäus 11,28–30). Wer auch immer dieser Gott ist, er oder sie ist ganz und gar frei und respektiert unsere menschliche Freiheit ohne Einschränkung. Auf andere Weise kann sich Liebe nicht ereignen. Liebe gedeiht in der Freiheit und lässt die Freiheit dann noch mehr wachsen. «Zur Freiheit hat uns Christus befreit», ruft Paulus in seiner Kritik an aller Gesetzlichkeit in der Religion aus (Galater 5,1).

Wir alle haben die Erlaubnis, für ein paar Jahre im Leben und dem wunderbaren Mysterium der Liebe mitzufahren – bis Leben und Liebe sich als eins erweisen, die letzte und vollständige Botschaft des auferstandenen Christus. Bis das Leben in eine Liebe übergeht, die jenseits von Raum und Zeit liegt. Der Auferstandene «atmet» buchstäblich seinen Schalom und seine Vergebung in die Luft des Universums (Johannes 20,22–23). Sie dürfen ein paar letzte Feinarbeiten an der Liebe machen, dürfen Ihren eigenen Lebensatem dem Großen Atem zugesellen und dann das vollständige Paket seinem Schöpfer zurückgeben, in einer ganz und gar neuen und doch immer gleichen Gestalt. Es ist immer noch dasselbe «Ich», aber jetzt in bereitwilliger Einheit mit dem großen «Ich bin» (Exodus 3,14). Es ist nicht mehr nur eins, aber auch nicht zwei.

Ich hoffe, Sie haben es gehört, so verstreut ich es in diesem Buch geäußert habe: Ich glaube, die zusammengefasste Bedeutung der Auferstehung Jesu liegt in dem großen Vers aus dem Hohelied (8,6), den ich mit «Liebe ist stärker als der Tod» übersetze. Wenn das Banner, das der auferstandene Christus traditionell in der Hand hält, irgendeine Aufschrift haben sollte, dann diese: *Amor vincit omnia!* Die Liebe wird siegen! Am Ende bleibt nur die Liebe. Liebe und Leben sind letztlich eins, und sobald Sie durch den Tod gegangen sind, wissen Sie das.

Denken Sie daran: Stafford fordert uns in seinem Gedicht nicht dazu auf, den Faden nicht loszulassen, sondern er stellt es fest: «Du lässt den Faden niemals los.» Und warum? Weil Sie ihn gar nicht loslassen können. Er besitzt Sie. Die Liebe besitzt Sie. Sie sind Liebe. Liebe und unser tiefes Bedürfnis nach Liebe allein erkennen die Liebe. Denken Sie daran: Sie sind schon, wonach Sie suchen. Jede Furcht, Ihr Unglaube könnte die Treue Gottes aufheben, ist absurd (Römer 3,3), sagt der meisterhafte Lehrer Paulus. Die Liebe hat den Tod endlich überwunden, und Ihr Haus wird auf einem neuen, soliden Fundament neu erbaut. Dieses Fundament war immer schon da, aber wir haben lange gebraucht, um es zu finden, denn nur die Liebe bleibt (1 Korinther 13,13). Alles, was Sie in Ihrem Leben geliebt haben, alles, von dem Sie geliebt worden sind, ist ewig und wahr, und das gilt nicht nur für andere Menschen. Zwei der wichtigsten Bilder für unsere Rettung sind Noahs Arche (Genesis 6,19) und das «Friedensreich» (Jesaja 11), und es ist schon interessant, dass beide mit Bildern von Tieren angefüllt sind – sie sind es wert, gerettet zu werden, und sie sind Bilder für das wiedergewonnene Paradies.

Mein Mitbruder Jack Wintz hat ein grundsolides theologisches Buch darüber geschrieben, warum wir alles, was geliebt wird, liebt und liebenswert ist, als Teilhaber der Ewigkeit betrachten dürfen, die Tiere eingeschlossen.[91] Wie sind wir nur auf den Gedanken gekommen, wir wären die einzigen, die lieben und liebenswert sind? Wenn bedingungslose Liebe, Treue und Gehorsam fürs ewige Leben qualifizieren, dann wäre meine schwarze Labradorhündin Venus sicher lange vor mir dort, gemeinsam mit all den wunderbaren Tieren in der Natur, die unter großen Opfern für ihre Jungen sorgen und die durch die Hand von Menschen so viel erleiden. Auf mancherlei Weise halten die Tiere den Faden ihres Schicksals viel demütiger und treuer fest als wir. Der Unterschied zwischen Menschen und Tieren liegt darin, dass die Tiere ganz und gar Ja zu ihrem Dasein sagen.[92] Wir tun das normalerweise nicht – und deshalb musste ich dieses Buch schreiben.

Maria Magdalena

Haben Sie sich schon einmal gefragt, warum Christus nach seiner Auferstehung zuallererst Maria Magdalena erschienen ist? Sie ist die symbolische Stellvertreterin der ganzen sehnsüchtigen Menschheit und aller, die als «Sünder» gelten. All die vielen Marias im Evangelium scheinen an diesem Punkt in ihr zusammengefasst, zumindest in der Welt unserer Fantasie.[93] Jesus sagt von der Frau mit dem Alabastergefäß (vielleicht ist es ja Maria Magdalena): «Ihre vielen Sünden sind ihr vergeben, weil sie viel geliebt hat.» Und dann dreht er die Aussage noch einmal um und bestätigt auch das Gegenteil: «Wem aber nur wenig vergeben wird, der liebt auch wenig» (Lukas 7,47). Die erstaunliche Verbindung, die er hier herstellt, könnte das Herzstück der ganzen Geschichte sein. Jesus sagt ziemlich deutlich, dass *gerade unser Scheitern und die radikale Unzulänglichkeit unseres Lebens uns in ein größeres Leben und eine größere Liebe führen.* Tatsächlich sagt er zu den grinsenden Männern in dieser Versammlung: «Ihr habt alle keine Ahnung von Gott! Sie hat es begriffen, ihr nicht!»

Sehen Sie, wie sehr sich das gegen unsere Intuition richtet? Sehen Sie die Hoffnung darin? Das menschliche Spielfeld ist ganz und gar eingeebnet. Gerade unsere Fehler führen uns zu Gott. Wir finden die Einheit mit Gott nicht, indem wir etwas richtig machen, sondern indem wir was falsch machen, was uns ziemlich sicher gelingt. Maria Magdalena ist das Bild und der Archetyp der Liebe – gebraucht, geschenkt, empfangen und weitergegeben –, und wenn Jesus ihr zuerst und allein erscheint, dann bestätigt das diese wunderbare und erstaunliche Botschaft ganz klar. Nur eine Interpretationsgeschichte, die von zölibatären, männlichen Geistlichen beherrscht war, konnte das jetzt Offensichtliche nicht erkennen.

Maria Magdalena ist die Person des Evangeliums, die am meisten darauf angewiesen ist, dass die Liebe stärker ist als der Tod. Und genau deshalb erfährt sie es auch als Erste – und vielleicht auf der tiefsten Ebene. Sie ist die Erste, der das symbolisch «bewusst» wird, und deshalb ist sie die «Zeugin der Zeugen»[94]. Sie weiß wirklich Bescheid, und zwar gerade weil sie Liebe und Vergebung so nötig hat. Tatsächlich werden Liebe und Wissen eins in ihr. So ist es nicht besonders überraschend, dass sie als eine der Personen erwähnt wird, die unter dem Kreuz stehen – mit zwei weiteren Marias (Johannes 19,25), die ebenfalls mit Jesus durch das Mysterium gingen und am Ostersonntag am Grab mit die Ersten waren. Maria ist der archetypische Name für alle, die ihr Wahres Selbst leben und seine Quelle kennen.

Das Ja muss dem Nein vorangehen

Die meisten von uns haben gelernt, Nein zu sagen, ohne die tiefere Freude des Ja zu erleben. Wir sind darauf trainiert, mit all dem «Sterben» zurechtzukommen und es mit Fassung zu tragen. Ein Nein zum Falschen Selbst muss Gott nicht unbedingt gefallen – oder irgendjemandem sonst und schon gar nicht Ihnen selbst. In diesem falschen Sterben ist zu viel Groll und Selbstmitleid enthalten. Es gibt ein gutes und ein schlechtes Sterben. Gutes Sterben strebt etwas Größeres und Besseres an, schlechtes Sterben ist nur ein verdammt blödes Sterben, das niemandem nützt. Zu viel Nein und nicht genug Ja. Sie müssen sich nach dem Ja ausstrecken! Nicht gegen etwas sein, wenn Sie nicht erst einmal für etwas sind – oder doch jedenfalls für etwas Anderes, Besseres. «Ich will du sein, ganz und gar du, das beste Du, das überhaupt möglich ist», sagen wahre Liebende zueinander, nicht nur: «Dies und jenes kann ich an dir nicht leiden.» Oder: «Warum machst du das nicht anders?» Wenn wir uns wirklich um einen anderen Menschen kümmern, bevor wir versuchen, ihn oder sie zu ändern, dann kommt die Änderung doch von ganz allein.

Gott versucht zuerst ein freudiges Ja in Ihnen zu erschaffen, viel mehr als irgendein Nein. Dann werden Sie Gottes Kunstwerk werden, dann ist die Liebe stärker als der Tod, und Christus feiert seine Auferstehung in Ihnen! Liebe und Leben werden eins. Einfach Nein zu sagen, das ist wie eine mürrisch durchgezogene Diät, während das tiefste Ja das Essen vom selben Tisch immer zu einem spirituellen Festmahl macht. Verstehen Sie, *Tod und Nein sind eins. Liebe und Ja sind noch viel mehr eins.*

Das Wahre Selbst tut, was es wirklich liebt, und liebt deshalb, was immer es tut. Ich bin sicher, das hat Joseph Campbell mit seiner allzu oft missverstandenen Zeile gemeint: «Folge deiner Seligkeit.»

Der auferstandene Christus ist ein großes Ja zu allem (2 Korinther 1,19), selbst zu den frühen, unvollkommenen Entwicklungsstufen. Das letzte Geschenk, das uns fassungslos macht, ist das Falsche Selbst, das zum Wahren Selbst wird. Und genau diese Verwandlung, diese Metamorphose nennen wir Auferstehung. Der auferstandene Christus ist immer noch und für alle Zeit der verwundete Jesus – eher sogar noch mehr als zuvor. Das Rohmaterial jedes einzelnen Aspekts in seinem Leben – und ebenso unseres eigenen Lebens – ist nicht verloren, sondern lediglich verändert. «Dieses Vergängliche muss sich mit Unvergänglichkeit bekleiden, und dieses Sterbliche mit Unsterblichkeit» (1 Korinther 15,53–54). Das eine schließt das andere mit ein, es ersetzt es nicht. Und was sehr wichtig ist: Der auferstandene Christus steht jenseits aller Begrenzungen von Raum und Zeit, was durch seine Fähigkeit deutlich gemacht wird, an zwei Orten gleichzeitig zu sein (Lukas 24,32–39). Er ist eine universelle Verbindung, eine intime Verbindung mit allem. Das Eine und die vielen sind *Der Eine* geworden. Wir sind damit Teil des «größten Ökosystems». Wir sind nicht mehr allein.

Ich würde sagen: Nur ein sehr kleiner Teil der Christen lässt den gemeinschaftlichen Leib Christi die eigene Güte ebenso tragen wie die Schlechtigkeit, «das Gewicht der eigenen Herrlichkeit» ebenso wie die «Last der Sünde», um zwei schöne Begriffe von Paulus zu verwenden. Der westliche Individualismus hat uns wirklich in Schwierigkeiten gebracht. Er hat entweder Menschen mit aufgeblasenem oder mit niedergedrücktem Ego hervorgebracht, und in den meisten Fällen schaukelt das Ego zwischen beiden Extremen hin und her. Dabei ist beides eine Illusion. Weder Ihre Würdigkeit noch Ihre Unwürdigkeit gehören Ihnen allein, und es ist eine Last, weiterhin so zu tun, als wäre es so. Was für eine Erleichterung, diese Last abzuschütteln! Dies könnte tatsächlich das Rezept für den Gottesfrieden sein, für die allem zugrunde liegende Größe und Fülle, die das Negative aufsaugen kann und sieht, wie es vergeht.

Für das Wahre Selbst gibt es nichts, was zu hassen, zurückzuweisen, zu leugnen oder als unwürdig oder unnötig zu verurteilen wäre. Es hat viel Vergebung erfahren und liebt deshalb viel (Lukas 7,47). Mitgefühl und Barmherzigkeit kommen von ganz allein, wenn Sie aus dem großen Leib der Liebe heraus leben. Die Umwege des Falschen Selbst sind alle nur Verzögerungstaktik, Schlaglöcher auf dem Weg, Druckpunkte, die langfristig etwas Neues erschaffen, wie es Druck auch mit dem Kohlenstoff in der Erde tut. Gott benutzt alles, um diesen harten, unsterblichen Diamanten zu erschaffen, unseren Kern der Liebe. Und Diamanten sind, so sagt man, der härteste Stoff auf unserer Erde. Dieser starke Diamant der Liebe wird immer stärker sein als der Tod.

Alles, absolut alles wird in dieser großen Ökonomie der Gnade verwendet. «Die Gnade ist überall», sagt Georges Bernanos am Ende seines Romans *Tagebuch eines Landpfarrers* und am Ende seines Lebens.[95] Sie können jetzt in Ihnen selbst unverdiente Liebe genießen und sie jedem anderen Menschen ebenfalls zugestehen. Dieses geduldige Schürfen wird Ihnen Mitgefühl und Vergebung mit all den unvollendeten Diamanten schenken, die auf demselben Weg sind wie Sie. Vielleicht haben sie noch keinen Druck erfahren, vielleicht befinden sie sich noch nicht lange genug im Kraftfeld der Auferstehung.

Dinge wie Hautfarbe, Gesellschaftsschicht, Nationalität, sexuelle Orientierung und selbst die Religionszugehörigkeit werden damit als die Zufälligkeiten erkannt, die sie letztlich sind. Aus sich selbst heraus können sie den Kern der Liebe nie sichtbar machen, nicht einmal annähernd. Das Wahre Selbst kann Gott nicht finden oder kennen, ohne allen anderen dieselbe Reise zuzugestehen. Es ist ein einziges großes Finden und ein einziges großes Gefundenwerden, alles zur gleichen Zeit.

Diamanten, die einmal als weicher Kohlenstoff angefangen haben, werden unter Druck zu strahlend weißen Blitzlichtern von großer Schönheit. Das wirkliche Muster, das große Geheimnis ist damit entschleiert und offengelegt wie der «Schatz im Acker». Sie finden die Große Liebe nur, wenn Sie auch sich selbst finden, und Sie können Ihr Wahres Selbst nicht finden, ohne sich in die Große Liebe fallen zu lassen.

Diamanten sind tief in der Erde verborgen, kilometertief unter der Oberfläche, unter Tonnen von Gestein, unter dem

Druck von Erde und Zeit, aber wie das Wahre Selbst, wie der Faden, wie die Gegenwart selbst sind sie da. Und Sie sind jetzt auch da.

> Geliebte,
> jetzt sind wir Kinder Gottes
> und noch ist nicht offenbar geworden,
> was wir sein werden.
> Wir wissen, dass wir, wenn es offenbar sein wird,
> ihm ähnlich sein werden
> *1 Johannes 3,2*

Viele Christen beginnen die Fastenzeit am Aschermittwoch mit einem Aschekreuz auf der Stirn und den Worten aus Genesis 3,19, die ja nur den ersten, erschreckenden Teil der Botschaft wiedergeben: «Staub bist du, und zum Staub musst du zurückkehren.» Aber danach sollten wir am Ostermorgen *gesalbt* werden («Christus» heißt: der Gesalbte), mit einem heiligen Öl und mit der anderen Hälfte der Botschaft: Die Liebe ist immer stärker als der Tod, und in diese Liebe bist du nun zurückgekehrt.

Epilog

Du Schlafende, ich befehle dir, wach auf!

Ich habe dich nicht erschaffen, damit du in der Hölle gefangen bleibst.

Steh auf von den Toten, denn ich bin das Leben der Toten.

Steh auf, Werk meiner Hände, du bist nach meinem Bild geschaffen.

Steh auf, lass uns fortgehen von hier, denn du bist in mir und ich bin in dir.

Zusammen bilden wir eine Person, und wir können nicht getrennt werden!

Nach einer alten Predigt zum Vorabend des Osterfestes

Anhang A

Das Wahre und das Falsche Selbst

Die wichtige Unterscheidung zwischen dem Wahren und dem Falschen Selbst ist so grundlegend, dass sie oft übersehen wird. Und sie ist auch schwer zu vermitteln. Für einige Menschen ist sie auch schwer zu verstehen, wenn sie eine tiefe innere Wahrheit oder innere Falschheit noch nie erleben mussten. In vielen Jahren mit Kursen und Exerzitien habe ich mir ein fast schon zu einfaches geometrisches Bild zurechtgelegt, das vielen Teilnehmern offenbar hilft. Es prägt sich besser ein als lange Erklärungen.

Uneinigkeit entstand nur manchmal, wenn Leute den «Ich»-Kreis ganz in den großen «Gott/Wirklichkeit-Kreis» verschieben, ihn ganz umschließen lassen wollten. Für mich ist das ein Fehler: Eine solche Konstellation können Sie nicht leben. Gott erschafft, erhält und respektiert das einzigartige Geschöpf, das Sie sind – und bleiben!

Sie verschwinden nicht in Gott hinein, und Sie sind nicht dasselbe wie Gott. Diese Vorstellung entspricht dem Pantheismus. Sie sind vielmehr ganz und gar mit Gott vereint, und diese Beziehung wird ständig von Gottes Seite her geschenkt und angeboten. Wir können nur annehmen, dass wir angenommen sind – wie wir sind. Schon das fällt dem Ego sehr schwer. Es fühlt sich immer wie Sterben an, und zwar zu Recht.

- ▸ Ihre absolute Identität
- ▸ Ihre Seele
- ▸ Ihr Sein in Gott
- ▸ Gottes Sein in Ihnen
- ▸ Von Natur aus befriedigt und zufrieden
- ▸ Fühlt sich unsterblich und ist es auch
- ▸ Das Große Selbst, das Christus-Selbst, das Gott-Selbst, das Buddha-Selbst, die «Rebe, die mit dem Weinstock verbunden ist» (Johannes 15,5)

- ▶ Ihre relative Identität
- ▶ Ihre Grundausstattung
- ▶ Die Identität, die Sie selbst geschaffen haben
- ▶ Das Selbst, das sich verändert und stirbt
- ▶ Von Natur aus bedürftig und zerbrechlich
- ▶ Lebt von außen her
- ▶ Nicht so sehr schlecht oder auch nur «falsch» als vielmehr vergänglich
- ▶ In sich selbst eingeschlossen und auf sich selbst bezogen
- ▶ Unzufrieden und immer dabei, sich selbst neu zu erfinden
- ▶ Das «kleine Selbst» vor der Transformation
- ▶ Die «abgeschnittene Rebe» (Johannes 15,4–5)
- ▶ Das einsame Weizenkorn (Johannes 12,24)
- ▶ Ihr abgespaltenes Selbst (eben als abgespalten)
- ▶ Die Illusion, die vergehen muss

Anhang B

Ein Mosaik von Metaphern

D ieser Anhang fasst alle Metaphern der Evangelienerzäh-
lungen von der Auferstehung zusammen, sodass Sie sie
auf einen Blick sehen können und die Bildwelt verstehen, die
sie in ihrer Gesamtheit erschaffen. Bilder, die Sie besonders
ansprechen, sind vielleicht Herausforderungen zur tieferen
Meditation. Sie verschaffen Ihrer Seele Zugang zu dem Geheimnis. Sie werden sehen, dass es bei den Auferstehungs-
erzählungen nicht darum geht, ein Wunder zu beweisen
(wenngleich ich die leibliche Auferstehung Jesu absolut nicht
in Frage stelle), sondern um eine freudige Ansteckung, die
sich schnell verbreitet und Menschen verändert. Das ist die
Botschaft. Zwei allgemeine Aussagen dazu:

1. Der Auferstandene steht in der Regel für das Wahre Selbst
    – die erleuchtete, verwandelte Seele, die in inniger Bezie-
    hung zu allem steht.

2. Die anderen Mitspieler und Bilder stehen für die verschie-
    denen menschlichen Haltungen, die es uns möglich ma-
    chen, in Kontakt mit dem Wahren Selbst zu treten und
    nach dem Mysterium zu suchen.

Markus 16,1–20: Die aufgehende Sonne. Der weggerollte Stein.
Abwesenheit vor Anwesenheit. «Er geht euch voran nach Galiläa.» Furcht als Reaktion. Das erste Ende des Evangeliums

ging verloren oder wurde vielleicht absichtlich herausgerissen? Christus erscheint zuerst dem ehemaligen «Sünder» und einer Frau. Weigerung zu glauben ist die Norm. Die Jünger werden getadelt. Christus gibt ihnen den Auftrag, diese Botschaft der ganzen Schöpfung weiterzugeben, nicht nur den Menschen.

Matthäus 27,57–28,20: Wachsames Warten der beiden Marias, Sitzen gegenüber dem Toten. Das System der weltlichen Macht will jede Möglichkeit der Auferstehung ausschließen. Erster Tag einer neuen Schöpfungswoche. Ein Erdbeben. Ehrfurcht, Freude, Begeisterung. Jesus läuft in die Zukunft. Frauen verstehen es, Zögern bei den Männern. Das System der Religion versucht die Botschaft zu verleugnen und durch Bestechung zu unterdrücken. Jesus ergreift zweimal die Initiative. Auftrag an «alle Völker», nicht nur an eine geschlossene Gesellschaft. Universelle und zeitlose Gegenwart.

Lukas 24: Abwesenheit als Anwesenheit. Schrecken. Verkündigung des Lebens, das den Tod besiegt. Frauen glauben, Männer halten es für Unsinn. Weg nach Emmaus: Unsere Gegenwart vor anderen ist unsere Gegenwart vor Gott. Weiterführung der Botschaft der Inkarnation im Brotbrechen und Fischessen. Jesus wartet auf die Einladung und nimmt sie an. Kontrast zwischen Geistererscheinung und körperlichem Essen. Freude. Himmelfahrt als letzte Bewegung und Botschaft (auch in Apostelgeschichte 1,9–12): Geist als Kraft und Ermächtigung «bis an die Enden der Erde». «Warum blickt ihr in den Himmel?» Kommt zurück auf den Boden!

Johannes 20 und 21: Erster Tag der Woche. Neuerschaffung des Lichts. Maria Magdalena als zentrale Gestalt. Johannes und Petrus laufen zum Grab: Die «Liebe» erreicht das leere

Grab vor der «Amtsrolle». Der neue Bund, Engel über dem Ort, der Abwesenheit und völlige Anwesenheit zugleich ist. «Halt mich nicht fest.» Gestalt und Gestaltlosigkeit zur selben Zeit. Hinter verschlossenen Türen, die er durchschreitet, eine andere Form von Körperlichkeit. Freude, Friede, Atem, Vergebung und der Heilige Geist, alle in einem Ereignis verbunden. Berührung der körperlichen Wunden als Weg zum Glauben. Ein neues Holzkohlenfeuer. Drei Verleugnungen werden rückgängig und ungeschehen gemacht. «Mein Gott und euer Gott»; der Eine, der mich auferweckt hat, wird auch euch auferwecken. Großer Fischfang – die Zahl 153 symbolisiert alle bekannten Völker und eine Welt der Gnade und Fülle. Liebe ist Dienen und Hingabe, erfährt der Anführer der Apostel. In der zweiten Lebenshälfte muss Petrus sich führen lassen, «wohin er nicht gehen will».

Bilder der Verklärung

Ich glaube, dass die drei Versionen der Verklärung Jesu in den Evangelien in Wirklichkeit Auferstehungsszenen am falschen Ort sind, die man absichtlich mitten in die Erzählung gesetzt hat, um einen wichtigen Punkt zu betonen. «Gipfelerlebnisse» in der Mitte des Lebens sind wichtig; sie helfen uns durchzuhalten und uns nach dem letzten, vollen, bedeutsamen Leben auszustrecken (Matthäus 17,1–9; Markus 9,2–10; Lukas 9,28–36). Es ist wichtig, dass Sie in *dieser* Welt mit Ihrem Wahren Selbst in Berührung kommen. In jeder Wiedergabe der Geschichte wollen die Jünger das Verklärungserlebnis festhalten, aber sie müssen wieder hinunter vom Berg, zurück ins Tal ihres gewöhnlichen Lebens. Und sie bekommen die Anweisung, mit niemandem darüber zu sprechen: Die Erfahrung ist offenbar nicht vermittelbar an Menschen, die etwas Ähnliches nicht erlebt haben.

Markus 9,2–8; Matthäus 17,1–8; Lukas 9,28–36: Die innere Gruppe ist für das Gipfelerlebnis bereit, muss aber dorthin geführt werden. Strahlendes Weiß, alle Farben. Jesus ist ein «Drittes», das Gesetz und Propheten verbindet, ein «Mandala» der Erleuchtung. Furcht, die Jünger sind schläfrig, bleiben aber wach und sehen seine Herrlichkeit (Lukas 9,32). «Wolke des Nichtwissens», Gipfelklarheit und Schatten zugleich. Erfahrung der göttlichen Liebe, Staunen und Sehnsucht, sie festzuhalten. Versuchung, Hütten zu bauen und alles einzuschließen. Fürchtet euch nicht. Am Ende steht Jesus allein da. Die Jünger können nicht darüber sprechen, weil es letztlich unaussprechlich ist. Zurück vom Berg ins gewöhnliche Leben. «Wie bringen wir die beiden Welten jetzt in einer Welt zusammen?» und «Wie treten wir in den geschlossenen Kreis mit Jesus, Mose und Elija ein?» Mit diesen beiden sehnsüchtigen Fragen wird der Leser entlassen.

Anhang C

Totenwache: Haltungen fürs Gebet

> Es waren aber auch Maria aus Magdala und die andere
> Maria dort; sie saßen dem Grab gegenüber.
>
> *Matthäus 27,61*

Stellen Sie sich vor, Sie sitzen wie Maria Magdalena vor dem Grab des bestatteten Christus. Es ist der absolute Schwebezustand, der Sabbat schlechthin, die Zeit der letztgültigen Ruhe und des Wartens: der Samstag zwischen Karfreitag und Ostersonntag.

Hier bieten sich viele fruchtbare Möglichkeiten und Zugangswege. Lesen Sie die Liste und gehen Sie auf das zu, was Ihnen heute am ehesten als Einladung oder Herausforderung entgegenkommt. Es könnte Ihnen helfen, zur Achtsamkeit und zum inneren Schweigen zu finden. Nehmen Sie es als leitende Metapher mit in ein zwanzigminütiges Sitzen in der Stille, während Sie Wache halten.

▶ Sitzen in Liebe
▶ Die tragische Kluft mit purer Präsenz füllen, oft in der Gegenwart des «Nichts» oder gar des «Todes»
▶ Maria hält ihre Wache nicht allein. Das Gebet braucht oft «andere Marias» zur Unterstützung, wie uns dieser Text zeigt.

- Warten ohne Antwort
- Hoffen ohne Beweis
- Liebe, die sich selbst erhält durch Sehnsucht
- Der innere Raum wird nur durch geduldiges Warten erschaffen.
- Trauerarbeit, geduldiges Ausharren ohne Lösung oder Trost
- Gebet als Wachen und Warten, nicht als Tun
- Gebet als unwissend und nicht wissend
- Gebet der Stille – in der Geschichte wird nicht gesprochen
- Christus im Grab ist immer noch Christus – Abwesenheit ist eine eigene Form der Anwesenheit
- Der tote Christus ist immer noch Christus. Woran erinnert Sie das? Wie oft beten Sie absichtlich im Angesicht einer «toten» Situation?
- Eine Übung darin, die Auferstehung nicht zu erzwingen, sondern sie kommen zu lassen, wenn sie will.
- Ein großer Stein liegt vor dem Eingang, aber die Frauen versuchen nicht, ihn zu bewegen.
- Der tote Christus ist die vorüberziehende Offenbarung von negativer Einstellung, Zorn, Furcht, Begierde und Hoffnungslosigkeit und Ihrer Anhaftung an diese Arten von Tod.

Halten Sie weiterhin Totenwache, bis der tote Christus aufersteht, das heißt bis Sie die Reaktionen Ihres Falschen Selbst loslassen oder sich von ihnen trennen können. Das kann zwei Minuten oder zwei Stunden dauern.

Anhang D

Vom Kopf ins Herz:
Das «Heiligste Herz»

Viele haben das Gebet als den Vorgang beschrieben, bei dem das Denken ins Herz geführt wird. Das ist nicht nur Sentimentalität. Im orthodoxen Mönchtum war es fast die Hauptbeschäftigung; das zeigen uns Klassiker wie die *Philokalia*[96] und die Lehren der Wüstenväter und -mütter. Für mich fühlte sich das immer nach einer weichlichen Frömmigkeit an, bis mir jemand zeigte, wie es geht, und bis ich den ungeheuren Nutzen kennenlernte. Was das «Wie» angeht, war vermutlich Robert Sardello mein bester Lehrer, und zwar durch sein kleines Meisterwerk *Silence – the Mystery of Wholeness*.[97]

Als Katholik war mir der ständige Bezug unserer Heiligen und unserer Kunst auf das Bild des Herzens oft ein Rätsel. Das «Heiligste Herz Jesu» und das «Unbefleckte Herz Mariens» sind Bilder, die Katholiken auf der ganzen Welt kennen. Beide, Jesus und Maria, deuten dabei immer auf ihr Herz, das in Flammen steht. Ist das nur Gefühlsduselei? Handelt es sich bei diesen Herzen um Objekte der Anbetung oder der Transformation? *Solche Bilder tauchen nur dann immer wieder auf, wenn sie aus dem Unterbewusstsein heraus etwas Wichtiges und*

Gutes aussprechen, vielleicht sogar etwas Notwendiges für das Aufsteigen der Seele. Was könnte das sein?

Beim nächsten Mal, wenn beispielsweise eine Ablehnung, ein negativer Gedanke oder eine Gereiztheit in Ihnen aufsteigt und Sie das gerne ausleben oder daran hängen bleiben wollen, dann *führen Sie diesen Gedanken oder diese Person buchstäblich in den Raum Ihres Herzens,* denn solche Kommentare sind fast immer in Ihrem Kopf angesiedelt. Dann umgeben Sie den Gedanken oder Menschen mit Schweigen; das fällt im Herzen viel leichter. Dort ist er von Blut umgeben und wird sich oft glühend warm anfühlen. An dieser Stelle ist es fast unmöglich, zu kommentieren, zu urteilen, Drehbücher zu erfinden oder in Feindseligkeit zu verharren. Sie sind an einem Ort, der keine Gegensätze erschafft oder nährt, sondern im natürlichen Organ des Lebens, der Verkörperung und der Liebe. Im Herzen lebt und gedeiht die Liebe. Das Herz hat mich davon abgehalten, Menschen wehtun zu wollen, die mir wehgetan haben. Es hält mich jeden Tag aufs Neue von obsessiven, sich ewig wiederholenden oder zwanghaften Gedankenspielen ab. Darin kann der Unterschied liegen zwischen Glücklichsein und einem Verharren in Unglück und negativen Haltungen.

Könnte das gemeint sein, wenn wir sagen, dass wir für jemanden beten? Ja, wir halten sie in unserem Herzen. Tun Sie das auf eine fast körperliche Weise, und Sie werden sehen, wie ruhig und schnell es wirkt. Auf diese Weise sind das Heiligste Herz Jesu und das Unbefleckte Herz Mariens auf Sie übergegangen. Sie deuten auf Sie und laden Sie ein, sich ihnen anzuschließen. Das «heiligste Herz» ist dann auch Ihr Herz.

Anhang E

Adams Atem: Gebet aus dem Lehm

> Dann bildete Gott, der Herr, den Menschen aus Staub
> von dem Erdboden und blies in seine Nase einen Le-
> benshauch. So wurde der Mensch ein lebendes Wesen.
>
> *Genesis 2,7*

> Wir wissen ja nicht, um was wir bitten sollen, wie es sich
> gehört. Doch der Geist tritt selbst für uns ein mit un-
> aussprechlichem Seufzen. Der aber die Herzen erforscht,
> kennt das Anliegen des Geistes, dass er nämlich nach
> Gottes Willen für die Heiligen eintritt.
>
> *Römer 8,26–27*

Ein vollständiges Gebet muss von Atem und Lehm aus-
gehen, von oben und außen, aber auch von unten und
innen. Es braucht *Inspiration und verkörperte Energie.* Das
Erste wurde bislang betont, das Zweite noch nicht.

Gedankengebet

Unsere erste Vorstellung vom Gebet ist normalerweise von
oben nach unten, mit Gnade von oben und äußerer Anregung
durch einen transzendenten Gott, der in uns «hineinatmet».
Das ist schon mal ein guter Anfang.

Aber wenn Sie um Gnade bitten, Ihre Höhere Macht mit Hilfe von Worten anrufen und darauf warten, dass sich «die Taube herabsenkt», dann bleibt Gott größtenteils außen vor und ist nicht «innen drin». Dieses spirituelle Ungleichgewicht wird ausgeglichen durch die Inkarnation Gottes im Fleisch (Johannes 1,14) und die Gabe der Einwohnung des Heiligen Geistes (Römer 5,5).

Wenn also die Inkarnation der Wahrheit entspricht und wir der Leib Christi sind, dann erleben wir unser Gebet voll und ganz, sobald es auch von unten nach oben erfolgt, wenn wir «aus dem Lehm heraus» beten, auf der Ebene von Energie und Körperzellen. *Adam (und Eva!) müssen den Atem* JHWHs *selbst empfangen und selbst mit ihm atmen.* Nur dann ist der Mensch, dieses Wesen aus Atem und Lehm, wirklich voll einsatzbereit.

Körpergebet

Wir müssen uns in den «auferweckten geistlichen Leib» (Philipper 3,9–11; 1 Korinther 15,44) hineinkauern und auch von unten und innen her beten, auf der Ebene von Körperzellen und Energie. Sonst ist unsere Haltung nicht von Dauer und geht nicht tief genug.

▸ Sie denken Ihr Gebet nicht, Sie fühlen es als Energie.

▸ Sie sind achtsam von unten und innen her.

▸ Ruhen Sie in der Energie des Leibes Christi, statt den Versuch zu unternehmen, einen unendlichen Gott in Ihre endliche Welt zu ziehen.

▸ Ihr Körper selbst empfängt *und weiß* und ist tatsächlich ein «Tempel» (1 Korinther 3,16–17), wo Gott im Geist anwesend ist.

▸ Gehmeditation, Yoga und Atemübungen können sehr hilfreich sein.

Das Körpergebet funktioniert tatsächlich viel schneller und natürlicher als das reine Gedankengebet. Zum Körpergebet gehören inspirierende Musik, Gebetsgesten und alle Sakramente; es ist also ganz und gar keine neue Idee. Genau dies suchen so viele im Tai Chi, in Pilgerfahrten, Gebetsketten, Gesängen und in der Wiederholung des Jesusgebets, bis es in uns und durch uns betet. Und so weiter.

Wenn Sie «aus dem Lehm» beten, erleben Sie auch die Beziehungsdimension des Gebets. Sie werden erfahren, dass nicht «Sie» beten, sondern dass Sie in das «vereinigte Feld fallen», dass der Leib Christi jetzt durch Sie und mit Ihnen betet (Römer 8,26–27). «Mein» Gebet wird zu «unserem» Gebet. Jetzt beten Sie nicht mehr so sehr *zu* Christus, sondern eher *durch* Christus, und Sie werden die Erfahrung machen, dass auch Sie Leib Christi sind.

Aus der Auflösung des falschen Gegensatzes zwischen einer Christologie «von oben» und einer Christologie «von unten» entwickelt sich ein inneres Christusbewusstsein, das das Beste beider Ansätze verbindet und den Konflikt zwischen Konservativen und Liberalen löst.

Anhang F

Zwölf Arten, Auferstehung jetzt zu üben

1. Verweigere die Identifikation mit negativen, anklagenden, feindseligen oder ängstlichen Gedanken (du kannst nicht verhindern, dass du solche Gedanken «hast»).
2. Bitte um Verzeihung, wenn du einen anderen Menschen verletzt oder dich in einer Situation nicht angemessen verhalten hast.
3. Mach deine Fehler wieder gut durch positives Handeln dem gekränkten Menschen oder der Situation gegenüber.
4. Gib deinem Falschen Selbst nicht nach und glaube ihm nicht – also dem, was deine Gedanken und die Erwartungen der Gesellschaft ausbrüten.
5. Komm so oft wie möglich am Tag zu deinem Wahren Selbst – deiner radikalen Einheit mit Gott – zurück.
6. Versuche immer, dich selbst zu verändern, bevor du andere zu ändern versuchst.
7. Entscheide dich so oft wie möglich für das Dienen und gegen das Bedientwerden.
8. Wann immer möglich, stell das allgemeine Wohl über deinen privaten Nutzen.
9. Gib den Schmerzbeladenen, Ausgeschlossenen und Behinderten den Vorzug.

10. Bevorzuge gerechte Systeme und gerechtes Handeln vor reiner Wohltätigkeit.

11. Vergewissere dich, dass die Art deiner Kommunikation deiner Botschaft entspricht.

12. Zweifle nie daran, dass es am Ende immer um die Liebe geht.

Anmerkungen

Einladung

[1]   Ich übernehme hier Aldous Huxleys Definition der «perennial philosophy», wie er sie in seinem Buch *The Perennial Philosophy* gibt (dt. *Die ewige Philosophie.* Zürich 1949; überarbeitete Neuausgabe Emmendingen 2. Aufl. 2012) [In seiner Einleitung nennt Huxley die drei Elemente der Metaphysik, Psychologie und Ethik – dort, wo diese den Menschen vor eine göttliche Wirklichkeit stellen, sieht Huxley in ihnen eine universale Übereinstimmung am Werk. Anm. d. Red.]

[2]   Vgl. den Hymnus zu Beginn des Kolosserbriefs (1,15–20). Hier wird nicht nur vom historischen Jesus gesprochen, sondern von einer kosmischen Gestalt, die die Bedeutung der Schöpfung «rekapituliert» und die ganz und gar mit Jesus identifiziert wird – und mehr noch: Jesus nimmt diese Rolle in all ihren Auswirkungen an. Dies ist eine wesentlich weitere Vorstellung als die des Erlösers einer religiösen Gruppe, wie sie die meisten Christen heute noch haben. Ich nenne sie den «kosmischen Christus». Im Epheserbrief (1,3–14) wird der gleiche Sachverhalt angesprochen.

[3]   Julia Esquivel: «Threatened With Resurrection», in: *Threatened With Resurrection: Prayers and Poems From an Exiled Guatemalan Woman.* 1982 u. ö.

Einleitung

[4]   Jaroslav Pelikan: *The Vindication of Tradition: The 1983 Jefferson Lecture in the Humanities.* New Haven 1984, 65.

[5]   In der grundlegenden Methodik meiner eigenen Lehre habe ich irgendwann erkannt, dass die persönliche Erfahrung das dynamische Dritte ist, das wirkt. Es muss bewusst untersucht und kritisch betrachtet werden, um uns über das weitgehend zwecklose Schrift-versus-Tradition-Dilemma hinauszuführen. Die Geschichte hat gezeigt, wie

die Katholiken die Tradition und die Protestanten die Heilige Schrift missbraucht haben, indem sie keine Rechenschaft über ihre faktische Subjektivität, über Vorurteile und persönliche Erfahrung ablegten, was Schrift und Tradition angeht. Dies ist die methodische Grundlage unserer «Living School», die 2013 in Albuquerque ihre Arbeit aufgenommen hat (vgl. www.cac.org). Dort heißt es: «Die Heilige Schrift, wie sie von der Erfahrung bestätigt ist, und die Erfahrung, wie sie von der Tradition bestätigt wird, sind gute Maßstäbe für eine Weltsicht.» Und wir müssen unseren kritischen Verstand benutzen, um alle drei zu koordinieren.

6   Richard Rohr: *Pure Präsenz,* München 2010 (am. Originalausgabe: *The Naked Now.* Chestnut Ridge 2009). Das ganze Buch handelt vom nicht-dualen Bewusstsein, aber die Kapitel 12 bis 14 sind womöglich besonders hilfreich mit Blick auf das Gebet als Lebenseinstellung und nicht als bloßes Aufsagen von Worten. Was auch immer Sie in bewusster Vereinigung und Liebe tun, ist Gebet.

7   Ken Wilber: *One Taste.* Boston 2000, 25–28 (dt. *Einfach «Das»,* Frankfurt am Main 2000). Wilbers geniale Unterscheidung zwischen der *translativen* und der *transformativen* Funktion von Religion scheint an vielen Stellen auf, aber nirgendwo konziser und genauer als hier. Meine Erfahrung nach vierzig Jahren als Priester zeigt mir, dass der größte Teil der Religion *translativ* ist, also dem Alten Selbst Werte übermittelt, und nur gelegentlich *transformativ* (also im Kern verändernd) wirkt. Um diese These geht es im Wesentlichen in diesem Buch.

8   Thomas von Aquin: *Lectura super Matthaeum* V,4 (Nr. 458) zu Matthäus 5,14.

9   Wenn Sie eine großartige und dazu auch noch poetische Darstellung dieses Glaubens in der Bibel lesen wollen, empfehle ich Ihnen das Buch der Weisheit 11,23–12,1. Als ich diesen Text als junger Mann zum ersten Mal las, hat sich mein Blick auf das Leben verändert.

1   Was ist das «Wahre Selbst»?

10   David Whyte: «Tilicho Lake», in: *Where Many Rivers Meet.* Langley 1990.

11   Augustinus: *Confessiones* X,27,38.

12   Dieses Zitat aus dem Matthäusevangelium (22,14) hat, obwohl es nirgendwo sonst zu finden ist, in christlichen Kreisen eine schreckliche Karriere als Argument für eine Ausschluss- und Mangelinterpretation der Lehre Jesu gemacht. Die meisten sind allerdings der Ansicht, dass

die Verse 11–14 fast sicher dem eher einschließenden Gleichnis von einem späteren Schreiber hinzugefügt worden sind, dem der einschließende und nicht-duale Charakter der Verse 9 und 10 nicht gefiel. Er hat den albernen Mythos von den Hochzeitskleidern erfunden und damit Generationen zum «Heulen und Zähneknirschen» gebracht, wenn sie diese unverständlichen Verse zu durchdringen versuchten. Lukas' Version (14,15–24) ist zweifellos näher an dem ursprünglichen, inklusiv denkenden Jesus. Was für eine Hoffnung habe ich denn noch, wenn ich nicht zu den «Auserwählten» gehöre? An dieser Stelle ist eine Art Anti-Evangelium im Evangelium wie auch im Leben verborgen. Selbst der Ruf gilt hier nicht «allen», sondern nur «vielen». Aber der alle einschließende Jesus scheint trotzdem durch.

13 Richard Rohr: *Reifes Leben*. Freiburg im Breisgau 2012 (am. Originalausgabe: *Falling Upward*. San Francisco 2011). Meine These in diesem Buch lautet: Es gibt zwei Lebenshälften mit durchaus unterschiedlichen großen Aufgaben. In der ersten Hälfte bildet sich das «Gefäß», in der zweiten sind Sie bereit für den «Inhalt», für den das Gefäß bestimmt ist.

14 Das Symbol der Salbung verlangt mehr als eine kleine Fußnote, aber ich will es trotzdem versuchen. Die Salbung wurde zum Christussymbol («Der Gesalbte») mit Blick auf den Zusammenfluss von Materie und Geist. Die jüdische Sehnsucht nach dem «Gesalbten» (dem Messias) ist universal. Erst viel später wurde sie auf Jesus von Nazaret übertragen, der für die Christen zur lebenden Verkörperung des Wahren Selbst wurde, in dem Menschliches und Göttliches zusammen existiert. Alles beginnt mit Jakob und dem Stein und einer Erscheinung, die eine Leiter zwischen Himmel und Erde errichtete. Wenn Sie irgendwo so einen «Stein» finden, haben Sie die Anfänge des ewigen Christusmysteriums gefunden, Ihren Messias.

15 Ich weiß das aus meiner jahrelangen Unterrichtstätigkeit mit jungen Leuten und aus der phänomenalen weltweiten Reaktion auf das Enneagramm, das ich 1973 kennenlernte, wie auch aus Methoden wie dem Typindikator von Myers-Biggs. Beide eröffnen auf dem Weg der Selbsterkenntnis eine riesige, reale Innenwelt – und für viele Menschen, die sich sonst bei jedem Gespräch über Spiritualität oder Innerlichkeit langweilen, sind sie etwas Reales und Hilfreiches geworden. Es ist traurig und seltsam zugleich, dass viele Christen solche Türen für «bloße Psychologie» halten (vgl. dazu Richard Rohr: *The Enneagramm: A Christian Perspective*. Chestnut Ridge 2001).

16 Vgl. Richard Rohr: *Reifes Leben* [vgl. Anm. 13]. Hier versuche ich darzustellen, dass es sich um ein Problem der ersten Lebenshälfte handelt.

17 Thomas Merton: *Love And Living.* Orlando 1979, 13–14 (dt. *Lieben und Leben.* Stuttgart 1988).

18 Mehr Informationen darüber finden Sie, wenn Sie sich mit der Spiraldynamik und ihren verschiedenen Interpreten beschäftigen (unter anderen Don Beck, Chris Cowan, Ken Wilber, der seine umfassendere Version als «Integrale Theorie» bezeichnet). In Deutschland wird diese Theorie in verschiedenen Büchern auf die Spiritualität angewandt, so vor allem in Marion Küstenmacher, Tilmann Haberer und Werner Tiki Küstenmacher: *Gott 9.0.* Gütersloh 2004.

19 Richard Rohr: *Endlich Mann werden: die Wiederentdeckung der Initiation.* München 2005, 155–157 (am. Originalausgabe: *Adam's Return: The Five Promises of Male Initiation.* Chestnut Ridge 2004).

20 Ich empfehle einen Lehrer wie Martin Laird OSA, der Ihnen zeigen wird, wie Sie es zulassen, dass Ihre Aufmerksamkeit von endlosen inneren Kommentaren, Urteilen und selbstdienlichem Drehbuch-Schreiben aufgefressen wird. Und so etwas nennen wir «Denken»! Seine beiden Bücher *Into the Silent Land* (New York 2006) und *A Sunlit Absence* (New York 2011) sind großartige Beispiele für das Wiedererwachen der alten kontemplativen Praxis im Christentum. Ein Meisterstück in dieser Hinsicht ist auch das Buch von Robert Sardello: *Silence: The Mystery of Wholeness* (Benson 2006), auf das ich mich im Anhang D stütze.

21 Gerald Manley Hopkins: «As Kingfishers Catch Fire», in: *Mortal Beauty, God's Grace* (New York 2003). Vgl. Quellenverzeichnis S. 216.

22 Richard Rohr: *Endlich Mann werden* [vgl. Anm. 19]. Dies ist die Kernbotschaft aller authentischen Initiationsriten.

23 Die «Madison Avenue» ist New Yorks teure Einkaufsmeile, und «Mad Men» der Titel einer amerikanischen Fernsehserie über eine Marketingagentur mit Sitz in dieser Straße von Manhattan. «Mad Men» steht für «Men of Madison Avenue», bedeutet aber wörtlich «Verrückte». [Anm. d. Red.]

24 Teresa von Ávila: *Die innere Burg,* I,2.

25 Richard Rohr: *Pure Präsenz* [vgl. Anm. 6], Kapitel 2. Selbst der heilige Name J H W H ist dem Klang von Ein- und Ausatmen nachempfunden. Jetzt wissen wir, warum so viele Lehrer nur sagen: Achte auf den Atem.

²⁶ Pseudo-Dionysius: *Die göttlichen Namen* 3,1: «Wenn eine licht-strahlende Kette, an der Höhe des Himmels befestigt, bis zu uns her-niederreichte und wir sie immer mit abwechselnden Händen weiter hin-auf erfassten, so schiene es, als ob wir sie herabzögen, in Wirklichkeit brächten wir sie aber nicht herunter, da sie ja oben und unten ist, son-dern wir selbst würden zu dem höheren Glanze der lichtvollen Strahlen hinaufgehoben» (zitiert nach: Bibliothek der Kirchenväter: *Des heiligen Dionysus Areopagita angebliche Schriften*. Aus dem Griechischen über-setzt von Josef Stiglmayr, München 1931).

2 Was ist das «Falsche Selbst»?

²⁷ Kathleen Dowling Singh: *The Grace in Dying* (New York 2000), 15. Ich empfinde ihre Schlüsse aus Jahren der Hospizarbeit als genial, mutig und lebensverändernd. Ihr Buch ist eine gute ergänzende Lektüre zu diesem.

²⁸ Stephen Levine: *Who Dies? An Investigation of Conscious Living and Conscious Dying.* New York 1982, 182 (dt. *Wege durch den Tod.* Bie-lefeld 1997). Levines Stil ist eher buddhistisch, aber er beschreibt gut, was Christen rituell verkünden, wenn sie sagen: «Christus ist gestorben, er ist auferstanden und wird wiederkommen.» Er war nur in der Lage, es neutraler zu formulieren.

²⁹ James Hillman: *We've Had a Hundred Years of Psychotherapy – and the World's Getting Worse.* New York 1992 (dt. *Hundert Jahre Psy-chotherapie, und der Welt geht's immer schlechter.* Stuttgart 1999).

³⁰ Richard Rohr: *Reifes Leben* [vgl. Anm. 13].

³¹ Richard Rohr: *Zwölf Schritte der Heilung.* Freiburg im Breisgau 2012 (am. Originalausgabe: *Breathing Under Water.* Cincinnati 2011).

³² Ken Wilber beschreibt das oft dramatisch; vgl. Ken Wilber: *Ein-fach «Das»* [vgl. Anm. 7].

³³ Richard Rohr: *Emotional Sobriety* (CD). Albuquerque 2011.

³⁴ Stephen Levine: *Who Dies?* [vgl. Anm. 28], 29.

³⁵ Flannery O'Connor: «Revelation», in: *The Complete Stories.* New York 1971, 488–509.

³⁶ Thomas von Aquin: *Summa Theologica* III, q. 8, a. 3.

³⁷ Thomas Merton: *New Seeds of Contemplation.* New York 1962, 227 (dt. *Verheißungen der Stille.* Luzern 1963).

3 Was stirbt und wer lebt?

38 Kathleen Dowling Singh: *The Grace in Dying* [vgl. Anm. 27], 219.

39 Daniel Ladinsky: *I Heard God Laughing: Renderings of Hafis.* Walnut Creek 1996, 13.

40 T. S. Eliot: «Little Gidding IV», in: *T. S. Eliot: Gesammelte Gedichte,* hrsg. von Eva Hesse. Frankfurt/M. 1988, 333.

4 Die Messerschneide der Erfahrung

41 Güte, Wahrheit und Einheit wurden als «transzendente Qualitäten» bezeichnet und als dem Sein innewohnende Eigenschaften gesehen. In der Theologie der Franziskaner könnten wir sagen: Alles Sein spricht mit einer Sprache, von Gott über die Menschen bis hin zu Tieren, Bäumen und Wasser. Sie alle haben in unterschiedlichem Maße am absoluten Sein Anteil. Johannes Duns Scotus OFM lehrte, dass das Gegenteil von «gut» nicht «böse» sei, sondern Nichtsein. Das Gegenteil von Wahrheit war nicht Falschheit, sondern Nichtsein. Und das Gegenteil von Einheit sei nicht Vielfalt, sondern Nichtsein. Alle Gegensätze werden im reinen Sein gehalten und aufgefangen, selbst endlich und unendlich, Materie und Geist, männlich und weiblich usw. Und die Harmonie aller Dinge wird Schönheit genannt; sie stellt für viele die vierte transzendente Qualität dar. Diese Weltsicht führt zu einer sehr positiven Theologie und Anthropologie, die auf dem Ursegen gründet und nicht auf der Ursünde. Diese Weltsicht legt aber auch die philosophische Basis des nicht-dualen Denkens und ein Verständnis des Bösen. Das Böse ist Nichtsein und Nicht-Bewusstsein. Schönheit ist die Fülle des Seins und des Bewusstseins.

42 Hubert Dreyfus und Sean Kelly: *All Things Shining.* New York 2011. In dieser klugen postmodernen Sinnsuche stellen die Autoren fest, dass einige alte Völker offenbar mit einem besseren Gefühl für Staunen, Dankbarkeit und Zusammengehörigkeit ausgestattet waren als wir heutzutage. Unser Individualismus und unsere Autonomie gestatten es uns nicht mehr, zu glauben oder zu genießen, dass unser Heldentum durch uns hindurchströmt und nicht von uns ausgeht. Selbstbehauptung ist aber möglicherweise nicht so wichtig wie Zuhören, Zulassen, Vertrauen und Zusammengehörigkeit. Heute wenden wir uns in Sachen «Wahrheit» an die Naturwissenschaften und in Sachen «dauerhafter Sinn» an die Religion. Diese beiden Werte sollten aber nicht gegeneinander ausgespielt werden.

43 Thomas Merton: *Journals of Thomas Merton.* Bd. VII, New York 1999, 233.

44 *Szientismus* ist eine Haltung, die außerhalb des Gegenstandsbereichs der Naturwissenschaften keine Wirklichkeit annimmt und keinen Bereich menschlicher Handlungen, für den die Anwendung naturwissenschaftlicher Methoden nicht die geeignetste Vorgehensweise wäre. Im amerikanischen Kontext von Richard Rohr bezieht sich das historische Programmwort der «Aufklärung» vor allem auf die an Naturwissenschaften und philosophischem Pragmatismus orientierten Denker und Geisteshaltungen. [Anm. d. Red.]

45 Sallie McFague: *The Body of God: An Ecological Theology.* Minneapolis 1993. In den letzten zwanzig Jahren sind viele ähnliche Bücher erschienen, aber dieses gehört mit zu den besten. Zu nennen sind noch Ilia Delio: *The Emergent Christ.* Maryknoll 2011 und *Christ in Evolution.* Maryknoll 2008. Die hier – hauptsächlich von Frauen – vertretene Denkweise zeigt ein reifendes Christentum.

46 Richard Rohr: *Christ, Cosmology, and Consciousness* (CD). Albuquerque 2010.

47 Brief 6 aus den Briefen des Wüstenvaters Antonius.

48 Rosemary Haughton: *The Knife Edge of Experience.* London 1972.

49 C. G. Jung: *AION: Researches into the Phenomenology of the Self.* Princeton 1979 (dt. *AION. Beiträge zur Symbolik des Selbst.* Gesammelte Werke. Bd. 9,2. Stuttgart 2001).

50 Die Schriften des hl. Irenäus (125–203) und des hl. Athanasius (297–373) über die Inkarnation sind zwei frühe Klassiker und haben die Messlatte für gute Theologie so hoch gelegt, dass wir sie selten erreicht oder auch nur verstanden haben. Das Mysterium der Inkarnation ist die einzige Trumpfkarte des Christentums im Spiel der Weltreligionen.

51 John A. T. Robinson: *In the End God.* New York 1968. Dieser Klassiker hat mir zu Anfang geholfen zu verstehen, was ewiges Leben und Auferstehung wirklich bedeuten. Ich habe ihn kurz nach meiner Priesterweihe 1970 gelesen.

52 Matthew Fox: *Original Blessing.* New York 1983 (dt. *Der große Segen. Umarmt von der Schöpfung.* München 1991). Dieses Buch hat – sehr zu Recht – vielen Christen die Augen geöffnet. Obwohl es die ewige, franziskanische und vorchristliche Tradition viel stärker repräsentiert, sind wir alle dankbar, dass es von einem Dominikaner geschrieben wurde.

53 Mary Beth Ingham: *The Harmony of Goodness. Mutuality and Moral Living According to John Duns Scotus.* Quincy/Ill. 1996.
54 Simone Weil: *Schwerkraft und Gnade.* München 1952, 66.

5 Das bist du

55 Richard Rohr: *Pure Präsenz* [vgl. Anm. 6].
56 Richard Rohr: *The Divine Dance* (CD). Albuquerque 2009.
57 Der Begriff «vorausgehende Gnade» *(gratia praeveniens)* ist von Augustinus geprägt worden, der von Paulus wusste, dass die Gnade im Voraus und ohne Bezug zu allem existiert, was Menschen getan haben oder tun können, «da sonst die Gnade keine Gnade wäre» (Römer 11,6; vgl. auch Epheser 2,8–10).
58 Marcus J. Borg: *Meeting Jesus Again for the First Time.* San Francisco 1994. Nur wenige zeitgenössische Lehrer haben die Worte, Visionen und Lehren Jesu mit größerer Klarheit und Lesbarkeit zusammengefasst als Borg. Seine Lektüre kann Sie frei machen für eine viel größere und herausforderndere Wahrheit.
59 Irenäus von Lyon: *Adversus Haereses* 10,2.
60 Symeon der Neue Theologe: *Hymnen* 1,28–31. Deutsche Übertragung des Zitats durch Johannes Koder [Alle Rechte beim Übersetzer. Abdruck mit freundlicher Genehmigung].
61 Jorge Ferrer und Jacob Sherman (Hrsg.): *The Participatory Turn: Spirituality, Mysticism, and Religions Studies.* Albany 2008.
62 Der neuzeitliche osteuropäische *Chassidismus* entstand nach den Pogromen des 17. Jahrhunderts. Neben dem traditionellen Studium der Tora standen die mystische Tradition des Judentums und das persönliche und gemeinschaftliche Erleben im Vordergrund. Gegnerschaft erwuchs den Chassidim sowohl aus Kreisen, die in der Wertschätzung mystischer und persönlicher Erfahrung einen Verlust an Observanz gegenüber dem Religionsgesetz befürchteten, als auch von Vertretern der jüdischen Aufklärung. Nach der Vernichtung des osteuropäischen Judentums durch die Schoa fanden die Chassidim eine neue Heimat in den Vereinigten Staaten und in Israel. [Anm. d. Red.]
63 *Hesychasmus* (von griechisch *hesychia:* Ruhe) bezeichnet eine mystische Spiritualität der byzantinischen Kirchen, vor allem im Mönchstum, mit Wurzeln in der Zeit der Wüstenväter. Im Zentrum steht die Praxis des geistigen Gebets, Ruhegebets oder Jesusgebets, die zur Eini-

gung mit Gott führen soll und zur Schau des unerschaffenen göttlichen Lichts («Taborlicht»). [Anm. d. Red.]

[64] Owen Barfield: *Saving the Appearances.* New York 1957. Karl Jaspers: *The Origin and Goal of History.* New Haven 1953 (dt. *Vom Ursprung und Ziel der Geschichte.* München/Zürich 1949). Eine ausgezeichnete Analyse finden Sie bei Ewert Cousins: *Christ of the 21st Century.* Rockport 1992.

[65] Richard Rohr: *The Great Chain of Being* (CD). Albuquerque 2009.

[66] Michael Christensen und Jeffrey Wittung (Hrsg.): *Partakers of the Divine Nature.* Madison 2007. Diese ausgezeichnete Sammlung fasst Geschichte, Verlust und Entwicklung des Themas «Vergöttlichung» in der christlichen Tradition zusammen.

[67] Wenn Sie hier selbst nachforschen möchten, sollten Sie die Kirchenväter Clemens von Alexandria, Origenes, Basilius, Athanasius und Irenäus in der westlichen Tradition, Gregor von Nazianz, Gregor von Nyssa, Maximus der Bekenner, Pseudo-Makarius, Diadochus und Gregor Palamas in der östlichen Tradition studieren. Die wichtigsten Texte sind in der *Philokalia*-Sammlung und in den Lehrschriften der hesychastischen Mönche zu finden.

[68] Papst Johannes Paul II: Apostolisches Schreiben *Orientale Lumen* vom 2. Mai 1995, I,6.

6 Wenn es wahr ist, dann muss es überall wahr sein

[69] Bonaventura: *Itinarium mentis in Deum* V,8.

[70] Vinzenz von Lérins: *Commonitorium* II,5–6.

[71] Pierre Teilhard de Chardin: *Der göttliche Bereich. Ein Entwurf des innern Lebens.* Olten 1962 u. ö.; Das Auftreten des Menschen. Olten 1966 u. ö. Viele Menschen, die von diesen Büchern tief berührt worden sind, haben mir in etwa Folgendes gesagt: «Ich könnte gar nicht genau wiedergeben, was er mich gelehrt hat, aber es hat mein Leben verändert.» Ich würde sagen, auf mich hatte Teilhard die gleiche Wirkung, als ich ihn in den frühen 1960er Jahren im College zum ersten Mal las. Man kann eigentlich nie wieder klein denken, wenn man Teilhard de Chardin gelesen hat.

[72] Wendell Berry (* 1934), angesehener US-amerikanischer Autor, Kultur- und Wirtschaftskritiker. [Anm. d. Red.]

7 Erzwungene Erleuchtung

73 Kathleen Dowling Singh: *The Grace in Dying* [vgl. Anm. 27)], 107.

74 Richard Rohr: *Endlich Mann werden* [vgl. Anm. 19].

75 Ich schrieb diesen Abschnitt an einem Tag Ende Februar 2012 und spürte, wie gern ich über meinen Glauben sprechen würde, dass der Heilige Geist ein Kraftfeld ist, ähnlich einem elektromagnetischen oder Schwerkraftfeld. Wenn Sie in Liebe daran angeschlossen sind, können Sie viele Zufälle, «Vorsehungen», Begegnungen und zeitliche Übereinstimmungen (Synchronizitäten) in Ihrem Leben erwarten. Ich habe schon darüber gesprochen, dass Paulus sich ebenfalls auf Körper-Metaphern verlegt, wenn er Sünde und Tod beschreibt (Römer 7,23–24), Leben und Auferstehung (Philipper 3,9–12; 3,21) und unsere Verbindung untereinander auf dem Weg als «Leib Christi» (1 Korinther 12, 12–27). All dies scheint einen gemeinsamen körperlichen, materiellen Charakter zu besitzen. Das ist jedenfalls meine Erfahrung. Aber dann habe ich kalte Füße bekommen und befürchtet, Sie würden mich für exzentrisch, esoterisch und unorthodox halten, und habe entmutigt aufgegeben. Ich habe versucht, mich abzulenken, indem ich meine E-Mails checkte – und fünf Sekunden später hatte ich einen Mailanhang von einem Theologen auf dem Bildschirm, den ich kurz zuvor auf einer Konferenz kennengelernt hatte. Er schickte mir seine Doktorarbeit mit der ausdrücklichen Aufforderung, sie sofort zu löschen, wenn sie mich nicht interessierte. Und der Titel lautete in deutscher Übersetzung: «Der Heilige Geist als Kraftfeld in der Theologie Wolfhart Pannenbergs»! Ich danke Theodore James Whapham von ganzem Herzen für die Erlaubnis, Ihnen diese Geschichte zu erzählen, und für seine Mitarbeit mit dem Kraftfeld des Heiligen Geistes am 28. Februar 2012. Vielleicht verstehen Sie jetzt, warum ich glaube, dass Auferstehung auch in materiellen Begriffen beschrieben werden muss. Ich persönlich glaube, dass wir lebendige, reale und sehr aktive Organismen mit Organisationen verwechselt haben und viele höchst strukturierte kirchliche Organisationen erschaffen haben, statt zu lernen, wie man die Geister von Leben und Tod unterscheidet.

76 C. G. Jung: *AION: Researches into the Phenomenology of the Self* [vgl. Anm. 49], vor allem die Abschnitte 271 und 238.

77 John Polkinghorne: *Science and the Trinity: The Christian Encounter with Reality.* New Haven 2004. Es gibt inzwischen etliche Studien, die in diese Richtung gehen; ich führe diese als besonders gelun-

genes Beispiel an. Auch in unserer Zeit scheint das Jesuswort zu passen: «Das Aussehen des Himmels wisst ihr zu deuten, nicht aber die Zeichen der Zeit!» (Matthäus 16,3). Beides enthüllt dieselben Muster von Veränderung, Tod und Auferstehung.

[78] Richard Rohr: *Things Hidden.* Cincinnati 2008, 185–205 (dt. *Ins Herz geschrieben.* Freiburg im Breisgau 2008). Es gab keinen «Preis», der bezahlt werden musste, außer vielleicht unserem verschlossenen Geist, unserer Unfähigkeit zu glauben, dass Gott uns bedingungslos lieben kann.

[79] Mary Beth Ingham: *Scotus for Dunces.* New York 2003, 75 ff. In der Nachfolge von Johannes Duns Scotus nahmen wir Franziskaner eine Minderheitenposition innerhalb der katholischen Kirche ein, was die Versöhnungslehre angeht. Die meisten Protestanten sind, ohne es zu wissen, der Mehrheitsposition gefolgt, dass Jesus für unsere Sünden sterben «musste», um eine kosmische Schuld zu bezahlen. Zum Glück findet die Minderheitenposition in unserer Zeit breiteren Zuspruch.

[80] Richard Rohr: *Zwölf Schritte der Heilung* [vgl. Anm. 31]. Im Schlusskapitel dieses Buches spreche ich über das Böse und das menschliche Leiden und darüber, inwieweit Gott darin involviert ist.

[81] Karl Rahner: «Der dreifaltige Gott als transzendenter Urgrund der Heilsgeschichte», in: *Mysterium salutis.* Bd. 2. Stuttgart 1967, 317–401, 319–320.

[82] Paul Fiddes: *Participating in God: A Pastoral Doctrine of the Trinity.* Louisville 2000. Dieses Buch ist ein ausgezeichnetes Beispiel für das zunehmende Bestreben, die endlosen Implikationen von Gott als Beziehung zu entschlüsseln.

[83] Catherine LaCugna: *God For Us.* San Francisco 1973. Dieses bahnbrechende Buch beschreibt die Entwicklungsgeschichte der Trinitätslehre.

8 Intimität mit allem

[84] Ilia Delio: *The Humility of God.* Cincinnati 2005. Ich konnte gar nicht aufhören, in diesem Buch einer lieben franziskanischen Schwester, Freundin und Gelehrten Textstellen anzustreichen.

[85] So in der Konstitution *Dei Verbum* vom 18. November 1965.

[86] Das «heiligste Herz» Jesu, das für mich oft allzu sehr nach frommer katholischer Sentimentalität aussah, hat sich irgendwann in meinem eigenen wie auch im Leben vieler anderer gezeigt, viel tiefer und

heilkräftiger, als ich bis dahin angenommen hatte. Neue Erkenntnisse und vor allem Robert Sardellos großartige Erklärung, wie das Herz Dinge auf eine Weise «behält», die dem Geist nicht möglich ist, lassen mich wieder einmal begreifen, wie richtig die Mystiker gefühlt und imaginiert haben. Robert Sardello: *Silence.* Benson 2006.

87   *Apostolische Sukzession* ist in den bischöflich verfassten Kirchen (wie der katholischen Kirche, den orthodoxen und anglikanischen Kirchen) die Vorstellung und Praxis, dass das geistliche Amt weitergegeben und empfangen wird (durch Handauflegung) in einer Kette der Weitergabe, die zurückreicht bis zur Weitergabe der Sendung Jesu an seine Apostel. [Anm. d. Red.]

88   Richard Rohr: «Fear of Self-Disclosure», in: *Unpacking Paradoxes,* 28.12.2011; http://richardrohr.wordpress.com/.

89   Richard Rohr: *The Gates of the Temple: Sexuality and Spirituality* (CD). Albuquerque 2005.

9   Liebe ist stärker als der Tod

90   William Stafford: *The Way It Is.* St. Paul 1977, 42.

91   Jack Wintz: *Will I See My Dog in Heaven?* Brewster 2009. Dieses Buch ist beileibe kein Leichtgewicht, und ich bin stolz auf meinen franziskanischen Bruder, der den Mut und die Demut besaß, sich als Leichtgewicht bezeichnen zu lassen, weil er es geschrieben hat. Er ist alles andere als das.

92   Eckhart Tolle: *Guardians of Being.* Novato 2009 (dt. *Tolles Tierleben.* Bielefeld 2009). Tolle besitzt die Fähigkeit, Kontemplation, Inkarnation und Auferstehung bis zu ihren logischen, spirituellen und universellen Schlüssen zu treiben. Wie sind wir darauf gekommen, zu glauben, die Auferstehung betreffe nur uns Menschen?

93   Cynthia Bourgeault: *The Meaning of Mary Magdalene.* Boston 2010.

94   Ich hoffe, dies klingt nicht allzu schockierend oder enttäuschend für Katholiken und Orthodoxe mit ihrer hoch entwickelten Theologie der Gottesmutter Maria. Aber wir müssen ehrlicherweise zugeben, dass diese Theologie nicht aus der Zeit des Neuen Testaments stammt. Im Zeugnis der Schrift ist Maria Magdalena die vollkommene Ikone der Botschaft, vor allem weil sie von den späteren Jahrhunderten nicht zur «ewigen Jungfrau» und zur «unbefleckt Empfangenen» gemacht wurde.

Obwohl das objektiv durchaus wahr sein kann, ist Maria, die Mutter Jesu, damit außerhalb jeglicher Möglichkeit gerückt worden, sie als Vorbild zu sehen oder sich mit ihr zu identifizieren. Sie konnte nur noch «verehrt» werden, und genau das verweigern die Protestanten. Vielleicht haben wir Maria von Nazaret keinen großen Gefallen damit getan, dass wir sie so überhöht haben, und vielleicht auch den meisten Frauen nicht. Maria wusste bereits, dass «alle Geschlechter» sie selig preisen würden (Lukas 1,48), und vielleicht könnten wir heute auf eine neue Weise zu diesem Segen zurückkehren, denn sie sagte von sich ja auch, sie sei eine «niedrige Magd» (Lukas 1,47.52), und sie benutzt das Wort «Gnade», um Gottes Beziehung zu ihr zu beschreiben (1,49.54.55). Sie hat nicht um das Podest gebeten, auf das wir sie gestellt haben, und sie hatte es auch nicht nötig. Es gehört ihr schon, und zwar für alle Zeit.

95 Georges Bernanos: *The Diary of a Country Priest*. New York 1937. Dies sind die letzten Worte des Buchs, sicher einer der Romane, die mich am stärksten beeinflusst haben. Manchmal werden sie mit «Alles ist Gnade» übersetzt, was auch die letzten Worte der hl. Therese von Lisieux 1897 gewesen sein sollen. [Rohr bezieht sich auf die Worte «Qu'est-ce que cela fait? Tout est grâce» (Was macht das schon aus? Alles ist Gnade). Vgl. Georges Bernanos: *Journal d'un curé de campagne* (1936). Deutsche Ausgabe: *Tagebuch eines Landpfarrers*. Ins Deutsche übertragen von Jakob Hegner, Johannes Verlag Einsiedeln, Freiburg im Breisgau, Neuausgabe 2007. Anm. d. Red.]

Anhang

96 Die *Philokalie* ist eine Zusammenstellung von Texten östlicher Asketen und Mystiker (aus dem 4. bis 15. Jahrhundert), zuerst zusammengestellt auf dem Berg Athos, danach in Russland ins Kirchenslawische übertragen, im 19. Jahrhundert ins moderne Russisch übersetzt. Die Philokalie ist eine Quelle ostkirchlicher Spiritualität, durch die Übung des Ruhegebetes oder Herzensgebetes zur Einigung mit Gott zu finden. Vgl. auf Deutsch: *Philokalie der heiligen Väter der Nüchternheit*. 5 Bände. Verlag Der Christliche Osten, 2. Aufl. Würzburg 2007. [Anm. d. Red.]

97 Robert Sardello: *Silence* [vgl. Anm. 20]. Ich empfehle das ganze Buch sehr, vor allem aber Kapitel 8 («The Silence of the Heart»).

Literaturhinweise

Alison, James: *The Joy of Being Wrong: Original Sin Through Easter Eyes.* Chestnut Ridge 1959

Alison, James: *Raising Abel: The Recovery of the Eschatological Imagination.* Chestnut Ridge 1966

Balthasar, Hans Urs von: *Irenäus: Gott in Fleisch und Blut.* Einsiedeln 1981

Barnhart, Bruno: *Second Simplicity: The Inner Shape of Christianity.* Mahwah 1998

Becker, Ernest: *The Denial of Death.* New York 1973. Dt. Ausgabe: *Die Überwindung der Todesfurcht.* Gütersloh 1976

Bell, Rob: *Love Wins.* New York 2011. Dt. Ausgabe: *Das letzte Wort hat die Liebe.* Gießen 2013

Benner, David G.: *Spirituality and the Awakening Self.* Ada 2012

Berman, Philip L.: *The Journey Home.* New York 1996. Dt. Ausgabe: *Wir sind nicht getrennt vom Himmel.* Amerang 2012

Berthold, George C.: *Maximus Confessor: Selected Writings.* Mahwah 1985

Bourgeault, Cynthia: *Mystical Hope.* Lanham 2001

Bourgeault, Cynthia: *The Wisdom of Jesus.* Boston 2008

Bourgeault, Cynthia: *The Meaning of Mary Magdalene.* Boston 2010

Chardin, Teilhard de: *Das göttliche Milieu. Ein Entwurf des inneren Lebens.* Stuttgart 1999

Christensen, Michael J. / Wittung, Jeffery A.: *Partakers of the Divine Nature.* Cranbury o. J.

Clément, Olivier: *The Roots of Christian Mysticism.* London 1993

Crosby, Micharl H.: *Repair My House: Becoming a «Kingdom» Catholic.* Maryknoll 2012

Crossan, John Dominic / Wright, N. T.: *The Resurrection of Jesus.* Minneapolis 2006

Delio, Ilia: *Christ in Evolution.* Maryknoll 2008

Delio, Ilia: *The Emergent Christ.* Maryknoll 2011

Delio, Ilia: *A Franciscan View of Creation: Learning to Live in a Sacramental World.* St. Bonaventure 2003

Dourley, John P.: *The Psyche as Sacrament.* Toronto 1981

Dreyfus, Hubert / Dorrance Kelly, Sean: *All Things Shining.* New York 2011

Edinger, Edward F.: *The Christian Archetype.* Toronto 1987

Farley, Wendy: *Gathering Those Driven Away.* Louisville 1958

Ferguson, Everett u. a.: *Gregory of Nyssa: The Life of Moses.* Mahwah 1978

Fiddes, Paul S.: *Participating in God.* Louisville 2000

Finley, James: *Merton's Palace of Nowhere.* Notre Dame 1978

Fox, Matthew: *The Coming of the Cosmic Christ.* New York 1988

Girard, René: *The Scapegoat.* Baltimore 1986. Dt. Ausgabe: *Der Sündenbock.* Stuttgart 1988

Girard, René: *The Girard Reader.* Chestnut Ridge 1996

Gulley, Philip / Mulholland, James: *If Grace Is True.* New York 2003

Haidt, Jonathan: *The Happiness Hypothesis.* New York 2006. Dt. Ausgabe: *Die Glückshypothese: Was uns wirklich glücklich macht.* Kirchzarten 2011

Hammerton-Kelly, Robert G.: *Sacred Violence.* Minneapolis 1992

Harvey, Andrew: *Teachings of the Christian Mystics.* Boston 1998

Heim, S. Mark: *Saved from Sacrifice: A Theology of the Cross.* Grand Rapids 2006

Kegan, Robert: *The Evolving Self.* Cambridge 1982. Dt. Ausgabe: *Die Entwicklungsstufen des Selbst: Fortschritte und Krisen im menschlichen Leben.* München 1994

Marion, Jim: *Putting on the Mind of Christ.* Charlottesville 2000. Dt. Ausgabe: *Der Weg zum Christus-Bewusstsein.* Petersberg 2003

McFague, Sallie: *The Body of God.* Minneapolis 1993

Meyendorff, John: *St. Gregory Palamas and Orthodox Spirituality.* Yonkers 1974

Meyendorff, John / Palamas, Gregory: *The Triads*. Mahwah 1983

Nancy, Jean-Luc: *Noli Me Tangere: On the Raising of the Body*. Bronx 2008. Dt. Ausgabe: *Noli me tangere*. Berlin 2008

Nothwehr, Dawn M.: *The Franciscan View of the Human Person: Some Central Elements*. St. Bonaventure 2003

Ord, David Robert: *Your Forgotten Self*. Vancouver 2007

Panikkar, Raimon: *Christophany: The Fullness of Man*. Maryknoll 2004. Dt. Ausgabe: *Christophanie: Erfahrung des Heiligen als Erscheinung Christi*. Freiburg im Breisgau 2006

Panikkar, Raimon: *The Experience of God: Icons of the Mystery*. Minneapolis 2006

Perrin, Norman: *The Resurrection, According to Matthew, Mark and Luke*. Minneapolis 1977

Polkinghorne, John: *Science and the Trinity*. New Haven 2004

Robinson, John A. T.: *In the End God*. New York 1968

Sandford, John A.: *Mystical Christianity*. Chestnut Ridge 1993

Sardello, Robert: *Silence: The Mystery of Wholeness*. Benson 2006

Savary, Louis M.: *Teilhard de Chardin: The Divine Milieu, Explained*. Mahwah 2007

Singh, Kathleen Dowling: *The Grace in Dying*. New York 1998

Vagaggini, Cipriano: *The Flesh: Instrument of Salvation*. Staten Island 1969

Weaver, J. Denny: *The Nonviolent Atonement*. Grand Rapids 2001

Quellenhinweis

S. 7: Auszug aus: Gerard Manley Hopkins, «Dass die Natur ein heraklitisches Feuer ist und vom Trost der Auferstehung», in: ders., Gedichte, Schriften, Briefe. Herausgegeben von Hermann Rinn. Deutsche Übertragung von Ursula Clemen unter Mitarbeit von Friedhelm Kemp, Kösel Verlag in der Verlagsgruppe Random House GmbH, München 1954, S. 163.

S. 39: Auszug aus: Gerard Manley Hopkins, «Wie Eisvögel Feuer fangen», in: ders.: Gedichte, Schriften, Briefe. Herausgegeben von Hermann Rinn. Deutsche Übertragung von Ursula Clemen unter Mitarbeit von Friedhelm Kemp, Kösel Verlag in der Verlagsgruppe Random House GmbH, München 1954, S. 121.

Bibelstellenverzeichnis

217

Personen- und Sachregister

224

226

228

Spiritualität als Lebenshilfe

192 Seiten | Kartoniert
ISBN 978-3-451-06357-2

Wir alle sind in irgendeiner Form abhängig – ob von offensichtlichen Suchtmitteln wie Alkohol oder subtiler von Anerkennung, Erfolg und unseren täglichen Routinen, selbst wenn
diese uns nicht guttun. Richard Rohr spürt den erstaunlichen
Parallelen zwischen dem Evangelium und dem bekannten Zwölf-
Schritte-Programm der »Anonymen Alkoholiker« nach und
macht so die heilende Wirkung der Lehre Jesu ganz praktisch
erfahrbar.

In jeder Buchhandlung!

HERDER

www.herder.de

Die Liebe leben

288 Seiten | Gebunden
mit Schutzumschlag
und Leseband
ISBN 978-3-451-31279-3

Richard Rohr erschließt die Spiritualität des Franz von Assisi
für heute. Franz von Assisi geht es darum, sich wieder auf das
Wesentliche zu besinnen und uns selbst und unseren Nächsten
lieben zu lernen. Ein Buch, das uns die tiefe, von Liebe und
Leidenschaft geprägte Spiritualität des Franziskus spüren lässt.

In jeder Buchhandlung!